광주모노그래프 05
광주천

삶은 그렇게
물길 따라
흐르고

광주모노그래프 05 | 광주천

삶은 그렇게 물길 따라 흐르고

초판 1쇄 찍은 날 2023년 11월 27일
초판 1쇄 펴낸 날 2023년 11월 30일

지은이 곽재구, 김형수, 정경운, 한송주, 한재섭, 한희원
사진 윤재경

펴낸곳 (재)광주광역시 광주문화재단
발행부서 (재)광주광역시 광주문화재단 지역콘텐츠팀
        61636 광주광역시 남구 천변좌로 338번길 7(구동)
        전화 062-670-7492

만든곳 도서출판 심미안
주소 61489 광주광역시 동구 천변우로 487(학동) 2층
전화 062-651-6968
팩스 062-651-9690
메일 simmian21@hanmail.net
블로그 blog.naver.com/munhakdlesimmian
등록 2003년 3월 13일 제05-01-0268호

값 18,000원
ISBN 978-89-6381-438-4 03810

삶은 그렇게
물길 따라
흐르고

광주모노그래프 05
광주천

곽재구
김형수
정경운
한송주
한재섭
한희원

심미안

책을 펴내며

　광주모노그래프가 올해 다섯 번째 발간을 맞았습니다. 그동안 제1편 『길』, 제2편 『가게』, 제3편 『정거장_움직이는 기억』, 제4편 『돌아보면 그 곳이 있었네』를 세상에 내놓은 광주모노그래프는 광주 근현대 자원의 문화사적 가치를 발굴하고 지역의 잊혀져가는 공간, 사건 등을 소재로 다양한 이야기를 전하고자 마련된 인문 교양서입니다.

　이번 제5편 『광주천_삶은 그렇게 물길 따라 흐르고』는 고통과 폭압 속에 무기력한 삶을 마주하던 척박한 시절, 광주의 역사를 함께한 예술가들 그리고 그들의 삶과 꿈이 고스란히 스며든 광주천을 배경으로 한 이야기들입니다. 한때는 방치된 채로, 한때는 예술이 번성한 문화공간 저변에 존재하며 우리와 오랜 시간 호흡해 온 광주천이 화가의 눈으로, 시인의 감성으로, 소설가의 통찰로 다시 해석됩니다.

　아린 마음과 짠한 향수로 가득한 광주천을 배경으로 여섯 분의 필진이 전해준 진솔한 이야기에 진심으로 감사드리며, 무심한 듯 늘 우리 곁에 있어 온 광주천의 이야기가 누구 한 사람의 이야기가 아닌 우리 모두의 추억이자 기억으로 자리 잡길 바랍니다.

 아직도 광주에는 찾아내고 기록해야 할 장소와 그곳의 역사, 그리고 그에 얽힌 무한한 이야기가 있습니다. 광주문화재단은 지역의 공간과 삶에 근거한 문화콘텐츠를 발굴하고 엮어 내어 광주만의 매력과 가치를 확산할 수 있도록 앞으로도 꾸준히 노력해 나가겠습니다. 여러분의 많은 관심과 성원을 부탁드립니다.

 마지막으로, 광주모노그래프 제5편 『광주천_삶은 그렇게 물길 따라 흐르고』를 위해 고이 접어 두었던 소중한 이야기들을 기꺼이 쏟아주신 필진 여러분, 그리고 렌즈를 통해 이야기를 완성해주신 사진작가 윤재경 님에게 다시 한번 감사의 말씀을 드립니다.

2023. 11.
광주문화재단

차례

책을 펴내며 • 4

광주천 적산가옥에 날아든
파랑새들의 사랑과 꿈 곽재구 • 11

그리운 그림엽서 • 11
미라보 다리 아래 세느강은 흐르고 • 13
타클라마칸 사막에서 돌아오다 • 14
창밖에 무등산이 있었다 • 17
등꽃 축제 • 21
험한 세상 다리 되어 • 24
그런데 이 남자도 좋아 • 26
우리가 물이 되어 흐른다면 • 27
서울의 예수 • 31
광주에서 시 한 편 쓰기 • 34
포스트모던 속에 핀 꽃 • 39
묵호를 아는가? • 40
이용악 전라도 가시내 • 42
사람들보다 나무나 개가 좋아요 • 45
홍명, 아무런 거리낌 없이 그림을 그리다 • 48
정와, 맑고 아름다운 세상의 꿈 • 50

광주, 꽃도 새도 없는 천변들 김형수 • 55

첫 발자국 • 55
'광주놈!' 속으로 • 62
모든 길은 '광고'로 통한다 • 68
문학의 고향집에서 풍기는 냄새 • 73
빌딩들 속에 숨은 유령하천들 • 79
목가적인 연결이 사라진 세계에서 • 85
종적을 감춘 뒤 • 93

천변 연대기 정경운 • 97

불로동 천변, 멱 감는 아이들 • 97
겨울 같은 봄 • 102
양동시장 긴 역사의 짧은 이야기 • 104
시장통의 K-장녀 • 114
별일 없이 크는 아이들 • 118
그해 5월 • 124
서커스단의 코끼리 • 132
야생의 정원과 빈집들 • 134

광주천 누벼누벼 흘러가는 곳 한송주 • 141

민중문예운동 전진기지 '등나무집' • 146
불로다리 밟기 • 152
관덕정(觀德亭) 습사(習射) • 153
한 여전사의 성채 • 156
세느강 노천카페 • 163
버드실 문화특구 • 168
남도 인심이 넘쳐나는 대동장터 • 172

극장은 죽고 싶어 하지 않아요 한재섭 • 183

#1 온갖 잡것들은 극장으로 기어나오고 • 183
#2 영화광으로 가는 마지막 비상구 • 192
#3 가난한 아이들에게 기념일은 없다 • 203
#4 해피 투게더, 광주극장 • 219

나의 사랑 양림동 한희원 • 229

가을 오후의 햇살이 언덕을 넘어가고 • 230
오래된 교정과 숲, 양림동 학교 • 239
그림을 통해 시대를 응시하던 그 청년 • 247
그 시절 양림동 사람들 • 251
양림동에서 만난 음악과 미술 • 259
사랑, 위로, 예술이 흐르는 양림동 • 261

광주천 적산가옥에 날아든 파랑새들의 사랑과 꿈

척박한 시절 내게는 광주 천변의 낡은 목조 적산가옥이 있었다. 그곳에서 만난 가난한 예술가들과 그들의 삶 그들의 꿈의 모습이 내게 영감을 주었다. 아픔이 없는 시절은 아름다운 시절이 아니다. 그 시절에 피는 꽃과 꽃 속에서 만났던 사람들이 있다. 그들의 사랑과 남은 생 위에도 등꽃 피는 시절과 파랑새 나는 하늘이 오래오래 펼쳐지기를!

광주천 적산가옥에 날아든
파랑새들의 사랑과 꿈

곽재구

그리운 그림엽서

오월이면 마음속에 떠오르는 풍경이 하나 있다.

거리를 메운 시위대의 행진이 펼쳐지고 있었다. 1980년대의 오월 광주에서 군중의 시위를 보는 것은 일상의 풍경이지만 이날 풍경은 달랐다. 시위대의 맨 앞줄에 선 두 젊은이의 모습이 눈에 들어왔다. 하얀 드레스에 꽃바구니를 든 이는 누가 보아도 신부였고 흑색 정장을 차려입은 이는 신랑이었다. 두 사람은 지금 결혼식을 진행하는 중이었다. 두 사람을 앞세운 시위대가 천천히 태평극장 앞 광주천을 향해 나아가는 모습을 보고 있는데 눈물이 났다. 결혼식의 축가가 대열 속으로 천천히 울려 퍼졌다.

사랑도 명예도

삶은 그렇게 물길 따라 흐르고

이름도 남김없이
한평생 싸우자던
뜨거운 맹세

「임을 위한 행진곡」의 첫 소절이 펼쳐지고 있을 때 페퍼 포그가 쏟아졌다. 광주천 다리 앞에 진을 치고 있던 경찰들이 일제히 발포를 시작했다. 대열은 순식간에 아비규환이 되었다. 나 또한 눈물 콧물 범벅이 되었고 눈을 뜰 수가 없었다. 눈을 비비면 고통이 더 깊게 파고드는 것은 페퍼 포그의 기본 정석이다. 이날 대열에 참석한 이들에게 한 가지 기대가 있었던 것 같다. 아무리 독재의 하수인일지라도 아름답고 신성한 결혼식에 페퍼 포그를 쏘지 않을 거라는 생각이 그것이다. 기대는 깨졌다. 이날 나는 결혼식에 초청된 하객이 아니었다. 바로 곁 불로동 다리 옆에 내 작업실이 있던 관계로 결혼식을 목격하게 되었고 이 아름다운 결혼식에 기꺼이 하객이 되었던 것이다. 눈의 고통이 진정된 뒤 현장으로 돌아왔을 때 만났던 풍경을 잊지 못한다. 부서진 신부의 부케가 거리에 널려 있고 신부가 신었던 하얀 하이힐 한 짝이 뒹굴고 있었다. 그날 아름다운 결혼식의 꿈은 무참히 무너졌지만 그들의 청춘이, 그들의 삶이 무너지지 않았음은 우리 현대사가 간직한 자랑이다.

미라보 다리 아래 세느강은 흐르고

내 작업실은 일제 강점기에 지어진 목조 3층 적산가옥이었다. 말 그대로 적이 남기고 간 건물이라는 뜻이다. 이 적산가옥에 4개의 방이 있었고 이 방들에 5명의 그림쟁이와 한 명의 글쟁이가 기거했다. 수도가 마당에 있고 재래식 화장실은 건물 밖에 자리했다. 일반인이 생활할 수 있는 환경이 아니었으므로 집세는 가난한 예술가들이 감당할 수준으로 쌌다. 작업실 바로 앞에 광주천이 흐르고 있었고 작은 다리가 놓여 있었다. 일제강점기에 놓인 이 다리를 사람들은 불로동 다리라고 불렀다. 적산가옥에 기거하는 우리들은 이 다리를 특별히 좋아했다. 다리 아래 흐르는 광주천을 우리는 세느강이라 불렀다. 시절은 흉흉한데「미라보 다리 아래 세느강이 흐르고」하는 시를 떠올리면 마음 안에 낭만의 불빛이 반짝 켜졌다. 차가 다니지 않는 이 다리는 술추렴 하기에 최적의 장소였다. 신문지를 깔고 앉아 그림판 이야기 문학판 이야기 세상 돌아가는 이야기를 나누며 술을 마시다 보면 자정이 다가오고 세느강 물 위에 별들이 깜박였다. 여름날 술 마시다 다리 위에서 노숙할 수도 있었으니 시절은 험해도 삶과 예술을 사랑하는 이들의 꿈은 존재했다. 묵묵히 서 있는 다리와 다리를 건너는 사람들과 시위하는 군중들, 광주천 흐린 물 위에 뜬 별들이 이곳에 기숙한 그림쟁이들의 주요한 소재가 되었음은 물론이다.

타클라마칸 사막에서 돌아오다

삶이 운명과 함께하는 시절이 있음은 아름다운 일이다. 불로동 작업실과 만남. 그 무렵 나는 이 만남이 운명이라는 생각을 하지 못했다. 7년간 재직했던 고등학교를 퇴직하고 나와 할 일이 없었다. 고등학교 선생을 하게 된 내력이 있다. 소설가 임철우가 어느 날 부탁했다. 박정권이라는 내 친구가 있네. 시내 고등학교 국어 선생인데 대학원 진학을 하려고 학교를 나오려 하건만 교장이 받아주지 않았다. 마음에 드는 선생을 구해주고 나가게. 교장이 그에게 한 말이었다. 국어 선생 출신인 교장은 대학 시절 시를 쓴 이력이 있고 신춘문예에 당선된 나를 국어 선생으로 임용했다. 1981년 10월 교련복을 입고 집총을 한 전교생 앞에서 구령대에 올라 취임 인사를 했다. 교장은 내 소개를 하며 근엄하게 거수경례를 했다. 전두환 씨가 데뷔한 직후였다. 거수경례를 할 수 없었던 나는 허리를 푹 굽혀 인사를 했다. 여러분의 다정한 친구가 되겠습니다. 단 한마디의 인사말이었다.

  나를 찾아오는 제자들은 지금도 그때의 짧은 인사말과 깊게 허리 숙인 내 모습을 기억한다. 3개월 임시교사를 하러 들어갔던 나는 그곳에서 7년을 보냈다. 다정한 친구가 되겠습니다. 내가 뱉은 말의 늪에 빠졌을 수도 있지만 제5공화국의 척박한 현실 속에서 학창 생활을 하는 아이들의 모습을 보고 그들 곁에서 떠날 수가 없었다. 내가 담임하는 반의 급훈은 광기 열정이었다. 액자에 쓰인 문구와는 별개로 우리끼리는 미친놈처럼 살자, 였다. 아이들은 그림이 그려지지 않은 하얀 도화지 같았고 그들은 선생이 이끄는 대로 미친놈들이 되었다. 미친놈처럼 공부하고 미친놈처럼 놀고 누구의 눈치도 보지 않았다. 악랄하기로 이름난 교감이 있었다. 운동회 날 우리 반 아이들이 교감을 헹가래 쳤다. 한 번 두 번, 세 번째 헹가래 때 아이들이 일제히 손을 놓았고 교감은 땅에 떨어졌다. 7년 만에 학교를 나왔다. 군사 독재 하에서 나는 선생도 아니고 시인도 아니었다. 정보부와 군부대의 수사관이 교장실에 들락거렸고 결혼식 주례를 섰던 선생님은 나를 찾아와 지금 세상이 어떤 세상인 줄 아냐? 박정희 시절은 양반이다. 정말 조심해야 한다. 고 얘기했다. 나는 점점 지쳤고 압박감에서 헤어날 수가 없었다.

선생을 그만둔 뒤 내가 처음 한 일은 중국 서역의 타클라마칸 사막 여행이었다. 출발하기 직전 문학과 지성사에 시집 원고를 넘겼다. '서울 세노야'라는 제목으로 출간된 그 시집의 첫머리에 나는 이렇게 적었다

> 가을이다
> 타클라마칸 사막의 작은 여인숙에서
> 새우잠을 자고 싶다

이 머리말은 나의 죽음을 암시한 말이었다. 일종의 유서였던 셈이다. 아무도 들른 적 없는 사막의 허름한 여인숙에서 생의 마지막 순간을 맞이하고 싶었던 것이다. 그 여행에서 나는 한 풍경을 보았다. 등받이도 없는 버스가 사막을 지나갈 때 내 옆 의자에 한 프랑스 남자가 앉아 있었다. 그는 품 안에 10개월 된 아이를 안고 있었고 아이는 젖병을 물고 있었다. 그가 아이에게 계속 이야기하는 소리를 들었다. 여긴 사막이야. 저기 지나가는 동물은 낙타지. 늙은 낙타는 사막을 두려워한단다. 대열에 설 때 절대로 앞에 서지 않지. 오아시스를 만나면 물을 마실 수 있지. 밤에는 은하수도 볼 수 있어. 그가 하는 말을 알아들을 수 없었지만 오아시스나 낙타와 같은 단어들을 들을 수 있었다. 그때 내게도 돌이 안 된 아이가 있었다. 돌아가 내 아이에게 사막 이야기를 해주고 싶었다. 그렇게 나는 '살아서 돌아올 수 없는 땅'이라는 의미를 지닌 타클라마칸 사막에서 돌아왔다.

돌아온 나는 『아기참새 찌꾸』라는 장편 창작동화를 썼다. 찌꾸라는 이름을 지닌 한 참새가 삶의 이역을 넘어 꿈을 찾아 사막의 초원을 향해 떠난다는 내용이었다. 이 동화가 몇 년 동안 밥줄이 되리라는 생각을 전혀 하지 못했다.

창밖에 무등산이 있었다

『아기참새 찌꾸』 원고를 마칠 무렵 불로동 작업실을 만났다. 사막에서 오아시스를 만난 것이다. 이 작업실에 먼저 둥지를 틀고 있던 그림쟁이들은 나를 자신들의 식구로 기꺼이 받아들였다. 이곳에서 전업 글쟁이로서 첫 일감을 만났다. 『금호문화』라는 잡지에 삶의 둔덕에 묻혀 사는 예술가들의 삶을 연재하게 된 것이 그것이다. 이 작업은 뒤에 『내가 사랑한 사람 내가 사랑한 세상』이라는 책으로 간행되었다.

내 방은 3층에 자리하고 있었다. 세 평쯤 되었는데 전망이 일품이었다. 두 벽이 유리창으로 된 작업실에 들어서면 −유리창은 군데군데 금이 가고 깨진 곳을 따라 습자지가 붙어 있었다− 무등산이 보였다. 척박하고 궁핍하기 이를 데 없는 시절 무등산이 보인다는 것은 매일매일 기적을 만나는 것과 같은 의미를 지니고 있었다. 무유등등(無有等等)이라는 이 산의 이데올로기가 그 시절의 우리에게 더없이 사랑스러웠다.

> 목숨이 가다 가다 농울쳐 휘여드는
> 오후의 때가 오거든
> 내외들이여 그대들도
> 더러는 앉고
> 더러는 차라리 그 곁에 누워라.
>
> 지어미는 지애비를 물끄러미 우러러보고
> 지애비는 지어미의 이마라도 짚어라
>
> — 서정주, 「무등을 보며」 부분

생의 이력과 별개로 예술이 현현할 때가 있다. 친일과 독재자에 대한 찬양의 이력을 지닌 시인은 무등에 대한 꾸밈없는 겸손과 그리움의 시를 썼다. 이 시를 대할 때마다 인간과 예술은 별개라는 명제에 고개를 끄덕인다. 무등은 광주 사람들에게 꿈이며 현실이며 언젠가 만나야 할 그리운 신의 이름이다.

방의 크기는 세 평 정도였는데 바닥에 띠로 엮은 낡고 허름한 다다미가 깔려 있었다. 무등이 보이는 전면에 책상이 놓여 있고 그 옆 벽에 책장이 하나 놓여 있었다. 책장은 내가 선생을 그만두며 받은 퇴직금 일부를 투자해 구입한 것이다. 선비책장이라 불리는 조선 목물로 당시 두 달분의 월급을 지출하였다. 이 책장 쪽에서도 무등은 훤히 보였다.

무등이 보이지 않는 한쪽 벽은 못을 박아 옷걸이로 활용하였다. 어느 봄 박완서 선생과 함께 소설가 이경자 선생이 찾아왔다. 강진 영랑 시인의 생가에 핀 모란꽃을 보러 갈 참이었다. 모란꽃만큼 화사하고 착하게 보이는 꽃이 있을까. 우리는 잠시 모란꽃의 아름다움에 대해 얘기했다. 이 꽃의 모습과 슴슴한 향기야말로 조선의 빛이며 꿈이라는 얘기들을 했다.

이경자 선생이 내 방에 들어왔다. 치우지 않았으니 다음에 오세요, 라고 말했지만 소용없었다. 작업실이 어지러워야 작업실이지 깔끔하면 병실 아니겠나? 방에 들어선 선생은 자랑인 무등산 전경을 보는 대신 벽에 걸린 낡은 파자마 바지를 먼저 보았다. 파자마 앞쪽에 라면 국물 자국이 떨어져 있었는데 언제부터 그곳에 있었는지는 모르겠다. 그이는 그 뒤로 나를 볼 적마다 그 파자마 잘 있는가? 물었다. 시인은 흰 구름이 걸린 무등산을 사랑하고 소설가는 라면 국물이 떨어진 낡은 파자마를 좋아한다.

시는 꿈을, 소설은 삶을 향해 항해한다….

　골목 안 허름한 기와집에 밥집을 차린 젊은 부부의 모습도 생각난다. 둘의 주특기는 조기 찌개였다. 고사리나 애호박을 양은 냄비 바닥에 깔고 고춧가루를 듬뿍 뿌려 만든 조기 찌개 맛은 일품이었고 값은 쌌다. 서울에서 글쟁이들이 찾아오면 이 조기 찌개를 시켜 먹었는데 광주 골목의 맛이라고 얘기했다. 기울어진 식당 벽 한쪽에 젖병을 물고 잠든 아이의 모습을 보며 나는 삶은 생각보다 위대한 것이라는 생각을 하곤 했다.

등꽃 축제

　봄이 되면 적산가옥은 보라색 등나무 꽃으로 뒤덮였다.
　집주인 할아버지는 자신이 젊었을 때도 3층까지 등꽃이 피었다고 얘기했다. 식민지 시절을 다 보내고 고통의 군부독재 시절을 또 보내게 되었으니 등나무의 생의 이력 또한 만만치 않았다. 등꽃이 필 때면 꽃향기가 사직동 지붕 낮은 골목 속 깊이 스며들었다. 추운 겨울 한파를 겪어낸 매화 향기가 깊고 아름다운 것은 주지의 사실. 4월에서 5월에 걸쳐 등꽃이 필 때면 3층 목조 건물 전체가 보라색의 꽃 넝쿨에 덮였다. 멀리서 보면 보라색의 불이 타오르는 것 같았다. 어깨를 숙이고 힘없이 지나가던 사람들도 이때만은 모두 고개를 들고 꽃나무 앞에 서서 꽃향기를 마시며 세월이 주는 난해함을 잊곤 했다.
　기쁜 일이 있었다. 등꽃 가지에 새가 날아왔다. 새는 푸른색의 날개를 가지고 있었다. 습자지 유리창 뒤에 숨어 새를 바라보았다. 초원으로 떠난 참새 찌꾸가 돌아왔나 하는 생각을 했다. 파랑새는 한 쌍이었다. 둘이 등꽃 덤불 속을 날아다니며 서로의 부리를 쪼아주기도 했다. 정지용은 「산에서 온 새」라는 아름다운 시를 썼다. 「산에서 온 새」를 읽고 있으면 지금도 눈물이 난다.

새삼나무 싹이 튼 담 우에
산에서 온 새가 울음 운다.

산엣 새는 파랑 치마 입고.
산엣 새는 빨강 모자 쓰고.

눈에 아름아름 보고 지고.
발 벗고 간 누이 보고 지고.

따순 봄날 이른 아침부터
산에서 온 새가 울음 운다.

―정지용, 「산에서 온 새」 전문

작업실이 등꽃에 덮이면 가난한 예술가들은 축제 준비를 했다. 등꽃 축제. 적산가옥의 작업실 넷 중 제일 큰 2층 작업실 천장에 줄을 매달고 등꽃 가지들을 꺾어와 주렁주렁 매달았다. 천장을 가득 메운 크리스마스 장식용 꼬마전구 불빛을 생각하면 될 것이다. 방과 벽을 메운 보라색 꽃 전구 불빛 아래 그 무렵 불로동 작업실 주변에 기생하던 예술가들이 모여들었다. 이태호 황지우 박인홍 심상대 공선옥 들과 김경주 이준석 장경철 서미라 홍명숙 들, 광주미술인 공동체의 강연균 선생을 비롯한 식구들,

광주천 적산가옥에 날아든 파랑새들의 사랑과 꿈

광주일보와 전남일보의 문화부 기자들이 이 축제의 주된 멤버였다. 등꽃 잎을 띄운 막걸리 한 사발씩을 돌려가며 마시고 울분에 찬 세상 이야기들을 나누다 기운이 익으면 떼창으로「죽창가」한 자락을 부르게 된다.

    이 두메는 날라와 더불어
    꽃이 되자 하네 꽃이
    피어 눈물로 고여 발등에서 갈라지는
    녹두꽃이 되자 하네

김남주의 시「노래」에 김경주가 곡을 붙인「죽창가」는 그 무렵 광주에서「님을 위한 행진곡」버금가는 인기가 있었다. 문화패가 어울린 술판이 무르익으면 어김없이 이 노래가 나온다.「님을 위한 행진곡」이 시위대가 부르는「라 마르세이에즈」라면「죽창가」는 실내에서 불려지는 비통한 애국가의 성격이 있었다. 은하수가 깊어지고 삶과 예술의 경계가 모호해지는 시각, 일행들은 뿔뿔이 헤어져 최루탄 냄새 가시지 않은 구 시청 사거리와 콜박스 주변의 술집들을 찾아 나서기도 했다. 꽃과 술과 독재의 시절은 함께 간다. 그곳에서 사람들의 꿈과 사랑, 눈물이 함께 펼쳐지는 것이다.

험한 세상 다리 되어

적산가옥 식구들 이야기를 하자.
김경주는 나와 동무였다. 내가 그림쟁이들이 모인 이 불로동 작업실

한쪽 방에 기거하게 된 것도 그의 영향 탓이었다. 그 무렵 경주의 삶과 예술은 내게 깊은 감명을 주었다. 오월시 동인과의 판화작업에서 그를 만났을 때의 감정을 설명하기란 쉬운 일이 아니다. 그에게서 어두운 시절 등을 켜고 밤길을 걸어가는 이의 예지와 서정이 함께 느껴졌다. 오월시 동인과의 시판화집 작업을 하며 만난 판화들은 그가 내면에 간직하고 있는 등불의 빛을 묵직하게 보여주었는데 그 숨겨진 서정의 빛이 좋았다. 날카로우면서도 따뜻하고 어두우면서도 자유로운 영혼의 빛이 좋았던 것이다. 오윤이 지닌 한국적인 질박함 속의 서정, 홍성담이 지닌 격렬한 현실과의 싸움이 빚어낸 예광과 함께 그의 판화작업이 어떻게 펼쳐질 것인지 생각하는 것은 그 무렵의 내가 지닌 설렘 중의 하나였다.

그가 음악 쪽에 보인 소양은 그의 그림을 위해서는 불행한 일인지도 모르겠다. 그가 사이먼 앤 가픈켈이 부른 「박서(Boxer)」나 「험한 세상 다리 되어(Bridge over troubled water)」를 라디오에 귀를 대고 기타를 치며 노래하는 모습은 내게 경이로운 모습으로 남아 있다. 변변한 녹음기도 전축도 악보도 없던 그 시절 오직 라디오에서 흘러나오는 난해한 곡을 귀동냥으로 재현했으니 웬만한 절대음감이나 재능으로는 불가능한 일이었다.

막 결혼한 그가 전세금을 빼내 한 시민단체의 설립에 기부한 것은 알려진 일은 아니다. 시인 유시화는 아이 우윳값을 구하기 위해 한강 다리를 걸어서 출판사에 갔다가 출판사 사장이 밀린 원고료 이야기는 꺼내지도 않고 오직 자신의 부동산 투자 중도금 날짜만 이야기하는 것을 듣고 눈물 흘리며 다시 한강 다리를 걸어왔다는 얘기를 내게 들려준 적 있다. 다시는 아이의 우윳값을 구걸하지 않으리라 맹세하며 글을 썼고 그의 글은 독자의 사랑을 받게 됐다. 전세금을 기부한 시절, 아이 우윳값을 마련하지 못해 아이를 굶긴 적 있다고 술 취한 경주가 내게 얘기한 적이 있다.

경주를 처음 만날 적 고흐나 로트렉 생각을 했다. 한없이 불운한 생을 살면서도 그립고 따스한 그림을 그린 두 그림쟁이의 삶이 그에게서 펼쳐지기를 바랐던 것은 무슨 심리였는지 모르겠다. 그가 결혼한 것도 내게는 미스터리였다.

그런데 이 남자도 좋아

이준석과 정희승은 잘생긴 청년 화가들이었다.

둘은 작업실의 아래층 큰방에서 함께 기거했다. 등꽃 축제가 열리는 그 방이다. 둘은 고지식하게 그림 속에 묻혀 살았다. 둘이 함께 쓰는 작업실은 초등학교 교실 한 칸보다 조금 작은 크기였다. 허름하지만 충분히 그림을 그릴 수 있는 공간이었다. 둘이 함께 그림을 그리는 모습을 본 적은 거의 없다. 한쪽이 그림을 그리면 다른 한쪽은 자리를 비워준 것 같다. 아마도 다른 곳을 떠돌며 그림을 그렸으리라. 선배인 준석이 그림을 그리고 있는 경우가 많았다.

누군가 내게 준석이 어떤 사람인가 물으면 말없이 그림만 그리는 사람이라 말할 것이다. 말이 전혀 없는 것은 아니다. 작업실에 놓인 유선전화가 있었다. 전화 벨이 울리면 그가 전화를 받는다. 응. 알았어, 끊어. 이 세 마디가 전부였다. 어떤 전화가 와도 그는 더 이상의 말을 하지 않았다. 노모로부터 전화가 올 때도 있다. 응. 알았어, 끊어. 그리고 다시 붓을 잡고 캔버스 앞에 선다. 심심하다는 말은 이런 경우를 두고 쓰는 말일 것이다. 그는 사진 앞에서 그림을 그렸는데 한 장의 사진을 그렇게 진지하게 바라보는 사람을 그 이전에도 이후에도 본 적이 없다. 언젠가 그에게 낡은 비단 조각보 한 장을 빌려준 적이 있다. 조각보의 질감을 그가 잘 그려냈다. 참 보기 좋네, 라고 말했는데 조각보는 현실에서 더 쓸 수 없게 되었다. 고지식하고 착한 그가 내게 조각보를 돌려주기 위해 노모에게 세탁을 부탁했는데 낡은 비단이 후줄근하게 퍼지고 말았다. 그림에게 생명을 주었으니 낡은 조각보의 생명은 다한 셈이다.

    비 오는 어느 날 작업실에 〈광주일보〉의 문화부 기자가 취재차 찾아왔다. 여기자였고 초임이었다. 열린 작업실 안으로 그가 들어왔을 때 준석은 그림을 그리고 있었다. 한참 그림을 그리던 그가 포트에 물을 끓이더니 봉지 커피를 타 내주었다. 말없이 커피를 타주었고 말없이 다시 이젤로 돌아가 그림을 그렸다. 작업실을 처음 방문한 여기자는 말 없는 이 사내가 마음에 들었다. 여기자는 본사에 들어가 고참 문화부 여기자에게 불로동 작업실 방문 이야기를 했고 남자가 마음에 든다고 얘기했다. 그 시절 신문사의 여기자는 최고의 엘리트였다. 고참 여기자는 이 작업실의 구조를 잘 이해하고 있었고 바로 다리를 놓았다. 그가 다리를 놓은 화가는 준석이 아니라 그보다 5년 후배인 정희승이었다. 당연히 연배가 맞는 희승일 거라 판단한 것이었다. 둘이 첫 데이트를 하고 돌아왔을 때 선배 여기자가 물었다. 어때 마음에 들든? 선배 내가 만난 남자 이 남자 아니야. 그런데 이 남자도 좋아. 이 이야기는 불로동 작업실의 전설이 되었고 이 문화부 여기자와 희승은 결혼하여 아이를 낳고 지금껏 잘 살고 있다.

우리가 물이 되어 흐른다면

    불로동 작업실을 찾아온 이들 중에 치과대학에 다니는 여학생 둘이 있었다. 갓 1학년이었던 둘은 불로동 다리의 이 낡은 아틀리에를 좋아했다. 왜, 청춘이 꿈꾸는 낭만 같은 것 있지 않은가? 등꽃이 피는 낡은 아틀리에 안에 들어서면 잘생긴 청년 화가들이 있고 그들은 나이에 어울리지 않는 고상한 품격을 지녔다. 그림 이야기도 해주고 때론 막걸리도 함께 마시게 되었으니 고교 시절을 막 벗어난 이들에게 이곳은 자유와 열정을 위한 해방구 같은 역할을 했을 것이다. 둘은 아틀리에를 찾아왔다가 아무도 없으면 내 방문을 두드리기도 했다. 여기저기 널린 시집들을 들여다보며 시가 뭐예요? 언제부터 시를 썼어요? 어떤 시를 좋아하세요? 계속 물었는데 스무 살 치과대학 여학생들의 질문이 싫지 않았다. 그들에게 시집을 빌려주었는데 강은교와 정호승의 시를 좋아했다.

우리가 물이 되어 만난다면
가문 어느 집에선들 좋아하지 않으랴
우리가 키 큰 나무와 함께 서서
우르르 우르르 비 오는 소리로 흐른다면

흐르고 흘러서 저물녘엔
저 혼자 깊어지는 강물에 누워
죽은 나무 뿌리를 적시기도 한다면
아아, 아직 처녀인
부끄러운 바다에 닿는다면

그러나 지금 우리는
불로 만나려 한다

벌써 숯이 된 뼈 하나가
세상의 불타는 것들을 쓰다듬고 있나니

만 리 밖에서 기다리는 그대여
저 불 지난 뒤에
흐르는 물로 만나자
푸시시 푸시시 불 꺼지는 소리로 말하면서
올 때는 인적 그친
넓고 깨끗한 하늘로 오라

- 강은교, 「우리가 물이 되어」 전문

아직 처녀인 부끄러운 바다는 무엇을 의미하나요? 우리는 왜 불로 만나려 하는 거죠? 숯이 된 뼈는 왜 세상의 불타는 것들을 쓰다듬고 있죠? 계속되는 그들의 질문에 당황하면서도 답을 했는데 그 과정이 싫지 않았다. 물과 불이 싸우는 세상에서 불타는 것들은 뼈로 남지만 그 뼈는 결코 사라지는 것은 아니라고 어색한 대답을 했다. 언젠가 불을 이긴 물이 우리 곁을 흐를 것이며 그때 사랑의 세상이 올 거라는 얘기도 했다.

스무 살의 나 또한 강은교의 「우리가 물이 되어」를 좋아했다. 비 오거나 눈 오는 날 「우리가 물이 되어」를 암송하며 걷고 있으면 마음 안이 편안해졌다. 1970년대 중반 거리에는 경찰들이 깔려 있고 버스 정류장이나 캠퍼스 경내를 가리지 않고 젊은 청년들의 몸을 수색하고 가방을 뒤졌다. 임의동행이라는 이름으로 영장 없이 끌려가는 것도 다반사였다. 김지하의 시 「오적」이나 신동엽의 서사시 「금강」의 인쇄물이나 필사본이 발견되면 곧장 영창에 끌려가고 군대에 입대해야 했다. 그 시절 나는 『반야심경』 암송을 좋아했다. 색즉시공 공즉시색. 알 수 없는 구절들이 몸을 휘젓고 나가는 동안 마음이 평온해지곤 했으니 이는 오래된 경전 자체가 지닌 본질적인 깨우침의 힘이었을 것이다. 「우리가 물이 되어」와 『반야심경』은 스무 살의 내 어둠 저편에서 나를 기다려주던 촉촉한 불빛 역할을 했던 것이다.

서울의 예수

1

예수가 낚싯대를 드리우고 한강에 앉아 있다. 강변에 모닥불을 피워 놓고 예수가 젖은 옷을 말리고 있다. 들풀들이 날마다 인간의 칼에 찔려 쓰러지고 풀의 꽃과 같은 인간의 꽃 한 송이 피었다 지는데, 인간이 아름다워지는 것을 보기 위하여, 예수가 겨울비에 젖으며 서대문 구치소 담벼락에 기대어 울고 있다.

2

술 취한 저녁. 지평선 너머로 예수의 긴 그림자가 넘어간다. 인생의 찬밥 한 그릇 얻어먹은 예수의 등 뒤로 재빨리 초승달 하나 떠오른다. 고통 속에 넘치는 평화, 눈물 속에 그리운 자유는 있었을까. 서울의 빵과 사랑과, 서울의 빵과 눈물을 생각하며 예수가 홀로 담배를 피운다. 사람의 이슬로 사라지는 사람을 보며, 사람들이 모래를 씹으며 잠드는 밤. 낙엽들은 떠나기 위하여 서울에 잠시 머물고, 예수는 절망의 끝으로 걸어간다.

— 정호승, 「서울의 예수」 부분

둘은 스무 살. 치대를 졸업하면 시와 관계가 없는 삶을 살아도 좋을 것이다. 그런데도 처음 본 정호승의 시에 꽂혔다. 서울의 예수. 서울은 광주일 수도 있고 부산일 수도 있다. 그 시절 한국의 젊은이라면 당연히 이 시의 내면에 스며 있는 자신의 자화상을 만날 터였다 이 예수의 모습, 우리 같아요. 라고 그들이 말했을 때 나는 그들에게 좋은 시에는 역사와 삶의 향기가 스며 있고 시를 읽어가는 동안 시 속에 깃든 자신의 모습을 만나게 된다고 얘기했다

어느 날 밤 10시가 넘은 시간이었다. 신문에 연재 중인『초원의 찌꾸』원고를 쓰고 있는데 누군가 방문을 두드렸다. 치대생 중 한 친구 k였다. 친구랑 같이 술을 마셨는데 술값이 없어 내게 돈을 빌리러 온 것이었다. 기꺼이 돈을 빌려주는 대가로 차용증을 쓰게 했다. "나 k는 시인 곽재구로부터 금 2만 원을 빌리는 바 20년 후 개업하여 200만 원으로 갚기로 함." 차용증의 내용이었다. 내가 이 돈을 받을 생각은 처음부터 없었다. 술값 빌리기가 머쓱했을 젊은 청년들이 무안하지 않게 퍼포먼스를 한 것이었다.

세월이 30년이 지난 어느 날 이메일 한 통을 받았다. 너무나 반가운 이메일이었다. 발신인은 k였다. 아저씨, 저 k예요. 인천에서 치과병원 개업하고 잘 살고 있어요. 아저씨는 대학 선생과 어울리지 않는 것 같아요. 교수님보다 아저씨가 좋아요. 가 요지였다. 구세주 같은 메일이었다. 그 무렵 나는 앞니 두 개가 몹시 아팠는데 치과병원 갈 생각을 하지 않고 버티는 중이었다. 대략 내용을 적어 보냈더니 세상에 이상한 사람이 참 많은데 아저씨는 정말 이상한 사람이네요 라고 말하며 그때의 친구 M이 아저씨 대학이 있는 순천에서 치과병원 원장을 하고 있으니 바로 찾아가라고

얘기했다. 병원 가기를 싫어하는 나는 그렇게 해서 M을 찾아갔고 친정아버지 대우를 받으며 임플란트 시술을 받았다. 30년 전 쓴 2만 원의 차용증 덕을 톡톡히 본 셈이 되었다.

광주에서 시 한 편 쓰기

1990년대 중반 소설가 박인홍의 더부살이가 시작됐다. 그가 어떻게 작업실 식구가 되었는지 내력은 모른다. 그와 함께 지내는 동안 아틀리에의 식구들은 적적하지 않았다. 그가 어떤 소설을 쓰는지 알지 못했지만 그의 라이프 스타일이 독특했다. 그는 씻지 않았다. 손도 발도 얼굴도 옷도 씻지 않았다. 운동화도 빨지 않았으며 자르지 않은 발톱은 휘어 비틀어졌다. 그걸 뭐라 할 사람은 이 목조 건물 안에 아무도 없었다. 그는 불로동 목조 건물과 가장 환경친화적인 인물인지도 몰랐다. 위층과 아래층 큰 방바닥에 마루가 깔려 있었고 창틀은 아귀가 맞지 않아 바람이 쌩쌩 들어왔으니 씻지 않는 냄새가 고일 틈이 없었다. 무엇보다 구성원 모두를 귀찮게 하는 일을 하나도 하지 않는다는 게 그의 큰 장점이었다. 언제 밥을 먹는지 어떤 음악을 듣는지 무슨 책을 읽는지 아무도 몰랐다. 그의 모습이 마음에 들어서 그와 함께 산수동의 무등산 입구까지 걸어가기도 하고 국밥집에서 밥을 먹기도 하였다. 신기하게도 오래 씻지 않은 그의 몸에서 거북한 냄새가 나는 법은 없었다. 아무도 모르는 심야에 그가 몸을 씻었는지도 모른다. 나는 그의 삶의 방식이 광주라는 타향, 그것도 독재정권과 맞짱을 뜨는 도시에서 살아가는 나름의 방법일 수 있다고 생각했다. 몸을 씻는다고 독재의 시간에 절은 영혼이 깨끗해지는 것은 아니니까. 그렇게 생각하니 그의 몸 어딘가에 스며 있을 이방인으로서의 진한 고독의 냄새가 사랑스럽게 느껴졌다. 그와 무등산에 올라 나뭇잎 배 접는 법도 일러주고 보리 비빔밥집도 찾아갔다. 그에게 이유 없이 잘해주고 싶은 생각이 있었다.

   인홍과 두 편의 영화를 본 기억이 난다.

   〈프라하의 봄〉과 〈퐁네프의 연인들〉. 두 편 모두 줄리엣 비노쉬가 주연을 했다는 공통점이 있다. 〈프라하의 봄〉은 밀란 쿤데라 원작 『참을 수 없는 존재의 가벼움』을 영화화한 작품이다. 영화를 보는 내내 원작 제목이 주는 아픔 때문에 정신을 차리기 힘들었다. 소련 침공기의 프라하. 공수부대의 사단장이 독재자가 되어 나라를 마음대로 휘젓는 내용이 한국 상황과 오버랩 되어 주인공 토마스의 삶이 깊은 연민을 느끼게 했다. 삶은 허무하고 사랑은 무의미한 사치에 불과한 것. 단 한 사람의 연인과 전원으로 돌아갔으나 그것조차 그가 추구했던 삶은 아니었다. 작가는 이 두 영혼의 해방을 위해 죽음을 선택한다. 죽음만이 영원의 자유와 평화를 위한 신의 배려인지 모른다. 영화를 보고 나와서 인홍은 단 한마디도 하지 않았다. 그의 모습 속에 그 무렵 광주에 사는 청춘들의 고통과 허무가 그대로 스며 있었다.

       일금 사천 원을 주고
       영화 프라하의 봄을 보다
       밀란 쿤데라 원작인 이 영화를 보기 위해
       화가 김경주와 소설가 박인홍이 함께 앉아 있다
       시쳇말로 룸펜 프롤레타리아인
       이들의 꿈은 자유다

영화가 시작되기 전 그들은 안경알을 닦고
종이컵에 담긴 커피 한 잔씩을 마신다
평일 낮인데도 영화관은 붐빈다
이곳이 광주라는 것을 생각하면 뜻밖이다
광주에 살기 위해서는 힘이 든다
아니 세상에서 살기란 힘이 든다
세상에서 작당히 살기가 어렵고
광주에서 그럭저럭 살기가 더욱 어렵다
옷을 벗어요, 라고 말하면
쉽게 비늘을 벗는 영화 속의 프라하 여자들처럼
그렇게 훌훌 살아가는 세상은 어디 없을까
그렇게 시 한 편 쓸 수 있는
작은 책상은 어디 없을까
사람 사는 세상을 위해 이 세상 모든
탱크와 이념과 철조망을 거둔다면
그것조차 또 이념이 되나
영화가 끝나면 룸펜끼리 외상 맥주 한 거품
눈짓으로 나누는 것도 이미 반동…

― 졸시, 「광주에서 시 한 편 쓰기」 전문

고통과 허무 폭압… 무기력한 삶에 시는 어떤 의미가 있을 것인가? 영화가 끝난 뒤 우리는 사직동의 생맥주 집에서 맥주를 마셨다. 맥주의 빛이 눈물 빛이라는 생각을 했는데 우리 모두의 눈물 속에 토마스의 모습이 들어앉아 있었다. 그는 나였고 우리였다.

포스트모던 속에 핀 꽃

퐁네프의 연인들은 그 무렵의 내게 깊은 콤플렉스를 안긴 영화다. 프랑스 혁명 200주년, 프랑스 예술계가 펼친 일련의 기념 작업 속에 이 영화가 들어 있다. 주인공 둘은 퐁네프 다리 위에 노숙하는 걸인이다. 병들고 마약을 하는 절망적인 상황 속에 두 사람의 꿈이 펼쳐진다. 루브르 미술관에 렘브란트의 그림이 있다. 여주인공 미셸은 자신의 생일 선물로 그 그림을 보고 싶어 한다. 현실은 불가능이다. 돈도 없고 변변한 입성도 없으니 미술관 출입은 꿈도 꿀 수 없다.

남주인공 알렉스가 연인의 꿈을 이루어낸다. 심야에 비상망을 뚫고 미술관에 들어간 두 사람이 오붓이 앉아 렘브란트의 그림을 보는 모습은 형언할 수 없는 아름다움이었다. 노숙하는 걸인조차 불가능한 사랑을 꿈꾼다는 프랑스 혁명 200주년의 자부심이 영화 속에 스며 있었고 그들이 추구하는 지성과 자유의 예술혼은 광주에 사는 예술쟁이들에게는 불가능한 꿈이었다.

절망이 때론 희망의 형상으로 찾아오는 순간이 있다. 암울한 그 시절 한국의 글쟁이들은 포스트모던에 매달렸다. 포스트모던 속에 역설적인 빛이 있다고 집단적 무의식에 빠졌는지도 모른다. 이 무렵 박인홍은 「벽 앞의 어둠」이라는 소설을 썼고 무의미한 현실의 내면을 추적한 이 소설이 문단 안팎의 주목을 받았다. 박인홍은 일약 포스트모던의 선두 주자로 떠올랐다. 「남무(南舞)」, 『누가 용의 발톱을 보았다 하는가』 등 일련의 소설들이 사람들에게 읽히기 시작한 것이다. 신화가 찾아올 때 그 가지에 꽃이 핀다.

TV에 박인홍의 작품이 소개될 때 한 여인이 불로동 작업실을 찾아왔다. 박인홍의 첫사랑이었다. 키가 크고 대단한 미인이었으며 커리어우먼의 포즈가 느껴졌다. 둘은 다시 만났다. 만남의 조건이 하나 있었다. 매일 씻는다는 것. 외로움에 젖어 살던 이방인은 낯선 조건에 동의했고 둘이 함께 불로동의 작업실을 떴다. 퐁네프의 연인들. 광주 천변 불로동 적산가옥에 찾아온 사랑의 이야기. 아름답지 아니한가? 인홍은 일 년쯤 지나 다시 불로동 작업실로 돌아왔다.

묵호를 아는가?

봄날이었다. 처음 보는 사내가 내 방문을 열었고 한 권의 소설책을 내밀었다. 「묵호를 아는가」 소설가 심상대와 처음 대면하는 순간이었다. 그가 꺼낸 말이 작업실 식구들에게 감동을 주었다. 우리 시대의 예술가라면 광주에서 한번은 살아 봐야 하지 않겠나. 오로지 좋은 소설을 쓰기 위해 처와 어린 딸과 함께 생면부지의 땅을 찾아온 그를 우리는 진심으로 환영했다. 그는 거의 매일 작업실에 출근했다.

> 묵호는 술과 바람의 도시다. 그곳에서 사람들은 서둘러 독한 술로 몸을 적시고 방파제 끝에 웅크리고 앉아 눈물 그렁그렁한 눈으로 먼 수평선을 바라보며 토악질을 하고 그리고는 다른 곳으로 떠나갔다. (중략) 바다가 그리워지거나 흠씬 술에 젖고 싶어지거나 엉엉 울고 싶어지기라도 하면 사람들은 허둥지둥 이 술과 바람의 도시를 찾아 나서는 것이었다. 그럴 때면 언제나 묵호는, 묵호가 아니라 바다는, 저고리 옷고름을 풀어헤쳐 둥글고 커다란 젖가슴

을 꺼내주었다.

    누군가 쓴 글을 보고 그 도시가 좋아지기는 묵호가 처음이었다. 사실 묵호뿐이겠는가. 그 무렵 한국의 크고 작은 도시들은 모두 절망감에 떨어야 했고 사랑이나 희망과 같은 단어들은 시인들의 수첩 속에서도 존재하지 않았다. 며칠 동안 무등이 보이는 창가에 앉아 『묵호를 아는가』를 읽었다. 등꽃 몽우리가 머물기 시작했고 파랑새 한 쌍이 날아와 노래했다. 나는 넋을 놓고 이 새들의 노래와 춤을 보았다. 식사를 대접하고 싶은 생각이 있었다. 무엇을 먹는지 몰라 쌀과 녹두를 작은 접시에 놓아두었지만 먹지 않았다. 번데기를 놓아 보았지만 먹지 않았다. 맑고 고상한 모습의 새들이 인간이 생각하는 음식을 먹지 않는 것은 당연한 일인지도 몰랐다.

    파랑새가 아니라 물까치예요. 그 무렵 작업실에 찾아온 한 출판사의 편집자가 새의 이름을 알려주었지만 나는 개의치 않고 이들을 파랑새라고 불렀다. 그해 늦봄 나는 묵호를 찾았다. 방파제에 부딪는 파도 소리를 따라 걸었다. 여관에서 친구의 아내가 된 첫사랑 여인을 만나고 돌아와 밤새 동해 별신굿을 보는 주인공 사내를 생각했다. 정처가 없는 삶. 파도 소리 속에 첫사랑이라는 단어가 스며 있음을 생각했고 마음이 따뜻해졌다.

    90년대 후반 광주를 떠난 그는 예술 TV 채널의 진행자가 되었다. 그가 나를 초청했고 기꺼이 초청에 응했다. 그와 삶에 대해, 예술에 대해, 이야기하는 시간이 좋았다. 형 이곳 사장이 내게 춤을 추며 진행을 하라 얘기해. 천천히 스텝을 밟으며 이야기해 봐. 상대는 인물도 좋으니까 괜찮을 거야. 나처럼 짜리몽땅하면 보기 흉하겠지만. 가볍게 춤을 추며 삶과 예술에 대해 이야기하는 시간. 지난 시절 우리가 꿈꾸던 시간의 바다가 우리 곁에 펼쳐지기 시작했다.

이용악 전라도 가시내

　불로동 적산가옥에서 내가 가장 좋아하는 계절은 겨울이었다. 등꽃이 피고 파랑새가 노래하는 계절이 아름다운 것은 사실이나 겨울이 지닌 내적인 아름다움을 따라올 수는 없었다. 눈보라는 몰아치고 낡은 방은 흔들리고 집은 귀신의 울음소리를 낸다. 그 속에서 곱은 손을 불며 시를 쓰는 시간이 좋았다. 이 정도의 추위는 추위가 아니고 절망도 아니라는 생각을 했다.
　정희승이 그린 눈보라 속의 불로등과 광주천 그림들이 좋았다. 눈발이 날리는 그림을 보며 종이컵에 담긴 커피 한 잔을 마시고 있으면 마음속이 더워진다. 눈발 속으로 움츠린 사람들이 걸어가고 어디선가 때늦은 은행잎 하나가 찾아와 눈발 속의 사람들과 함께 어디론가 사라지는 모습을 보고 있으면 존재가 지닌 향기에 조용히 젖어 드는 것이다.
　바람에 흔들리는 낡은 방에서 이용악의 시를 읽었다. 나라 빼앗긴 눈 오는 겨울밤. 이용악은 민족의 가슴 안에 길이 남을 두 편의 아름다운 서정시를 썼다.

　　　알룩조개에 입 맞추며 자랐나
　　　눈이 바다처럼 푸를 뿐더러 까무스레한 네 얼굴
　　　가시내야
　　　나는 발을 얼구며
　　　무쇠다리를 건너온 함경도 사내

　　　바람 소리도 호개도 인전 무섭지 않다만
　　　어두운 등불 밑 안개처럼 자욱한 시름을 달게 마시련다만

어디서 흉참한 기별이 뛰어들 것만 같애
두터운 벽도 이웃도 못 미더운 북간도 술막

온갖 방자의 말을 품고 왔다
눈포래를 뚫고 왔다
가시내야
너의 가슴 그늘진 숲속을 기어간 오솔길을 나는 헤매이자
술을 부어 남실남실 술을 따르어
가난한 이야기에 고이 잠겨다오

네 두만강을 건너왔다는 석 달 전이면
단풍이 물들어 천리 천리 또 천리 산마다 불탔을 겐데
그래두 외로워서 슬퍼서 초마폭으로 얼굴을 가렸더냐
두 낮 두 밤을 두루미처럼 울어 울어
불술기 구름 속을 달리는 양 유리창이 흐리더냐

차알삭 부서지는 파도 소리에 취한 듯
때로 싸늘한 웃음이 소리없이 새기는 보조개
가시내야
울 듯 울 듯 울지 않는 전라도 가시내야
두어 마디 너의 사투리로 때아닌 봄을 불러줄께
손때 수줍은 분홍 댕기 휘 휘 날리며
잠깐 너의 나라로 돌아가거라

이윽고 얼음길이 밝으면
　　나는 눈포래 휘감아치는 벌판에 우줄우줄 나설 게다
　　노래도 없이 사라질 게다
　　자욱도 없이 사라질 게다

— 이용악, 「전라도 가시내」 전문

　　불로동 작업실에서 내가 쓰고 싶었던 시의 모습. 1930년대의 용악이 1990년대의 내게 걸어왔다. 스승을 만나는 데 있어 세월은 습자지 한 장만 한 질량도 요구하지 않는다.

　　눈이 오는가 북쪽엔
　　함박눈 쏟아져 내리는가.

　　험한 벼랑을 굽이굽이 돌아간
　　백무선(白茂線) 철길 위에
　　느릿느릿 밤새워 달리는
　　화물차의 검은 지붕에.

　　연달린 산과 산 사이
　　너를 남기고 온
　　작은 마을에도 복된 눈 내리는가.

　　잉크병 얼어드는 이러한 밤에
　　어쩌자고 잠을 깨어

그리운 곳 차마 그리운 곳.

눈이 오는가 북쪽엔
함박눈 쏟아져 내리는가

– 이용악, 「그리움」 전문

  타자기도 PC도 없던 그 시절 나는 만년필로 원고를 썼다. 400자 원고지에 쓴 원고를 팩스로 보낼 수 있게 된 것은 진보였다. 그 무렵 내 꿈이 용악의 이 시에 들어 있다. "잉크병 얼어드는 이러한 밤에"라는 구절이 그 꿈이다. 나는 내 잉크병의 잉크가 얼어붙기를 바랐다. 잉크병이 얼어붙기만 하면 내가 쓴 시에도 얼음과 같은 차가운 고통과 눈보라의 혼이 스며들 것 같았다. 바람이 스며드는 창 곁에 잉크병을 두었으나 영하 십몇 도의 혹한에도 잉크병은 얼지 않았다. 용악이 겪은 고통과 추위는 내가 겪은 그것과 본질적으로 달랐던 것이다.

사람들보다 나무나 개가 좋아요

  3층 내 작업실에 오르는 나무 계단이 있었다. 계단의 삐걱이는 소리가 제일 좋은 때도 이 시절이다. 밖엔 눈보라가 날리는데 삐걱이는 계단의 소리를 듣고 있으면 내 발목에 쇠사슬이 채워진 느낌이 든다. 『이반 데니소비치의 하루』, 『수용소 군도』, 『고요한 돈강』, 그 무렵 읽은 러시아 소설들의 분위기 생각이 난다. 농노들을 해방하고 자신의 장원을 걸어 나온 톨스토이가 눈보라 속에 얼어 죽은 간이역 풍경도 떠오른다.

나무 계단 곁에 조그만 방이 하나 있다. 수직으로 내 방 바로 아래에 있는 작업실이다. 세 평이 될 듯 말 듯 한 이 방의 첫 주인은 서미라였다. 미술대학을 갓 졸업한 그의 그림은 정확한 데생을 바탕으로 한 한국화의 느낌이 강했는데 대중들에게 인기가 있었다. 어느 겨울날 삐걱이는 나무 계단을 오르고 있을 때 작은 방에서 울음소리가 들렸다. 혼자 조용히 우는 소리였다. 나무 계단 위에서 걸음을 멈췄다. 왠지 그 울음소리에 방해가 되고 싶지 않았다. 삶이란 예술이란 때로 얼마나 고독하고 쓸쓸한 것인지 모른다. 난로도 없는 방 안에서 손을 호호 불어가며 그림을 그리는 시간 속에도 깊은 절망의 시간은 찾아오기 마련이다. 울음소리가 멈출 즈음 다시 계단을 올라 조용히 내 방문을 열었다. 울음의 내력보다 고통을 내뱉는 듯한 낮고 침울한 그 소리를 내가 좋아했는지 모르겠다. 얼음장 아래를 흐르는 광주천의 물소리. 언젠가 희망의 날이 오리라는 그 소리를 생각했는지도 모른다

　서미라는 프랑스 그림 유학을 꿈꾸고 있었다. 서미라의 그림을 눈여겨 보던 광주 예술의 거리 한 화랑주가 제안을 했다. 유학 경비를 지원할 테니 돌아와서 전시를 하고 그 경비를 갚는 조건이었다. 가난한 젊은 예술가에게 이런 아름다운 조건이 어디 있을 것인가. 서미라는 그렇게 파리 유학을 갔다.

　서미라의 파리 유학 시절 불로동 작업실로 날아온 엽서 한 장을 받았다. 숙소에서 미술대학으로 가는 숲길이 그려져 있고 개 한 마리가 미라의 뒤를 따라오는 그림이 새겨져 있었다. 그림 곁에 간단한 문장이 하나 새겨져 있었다. 사람들보다 나무나 개가 좋아요. 문장 속에서 나무 계단이 삐걱이는 소리가 들렸다. 이국에서 온 동양 아가씨의 모습이 자유분방한 파리 예술가들의 눈에 들어왔고 밥 먹자, 영화 보자, 함께 그림 그리

자, 끝없는 프로포즈를 견디지 못한 미라는 다시 한국으로 돌아왔다.

홍명, 아무런 거리낌 없이 그림을 그리다

미라가 비운 방의 새 주인이 결정되었다.
그가 이사 온 날도 겨울이었다. 열린 방문으로 흩어진 이삿짐의 모습이 보였다. 정리되지 않은 이삿짐 틈 속에서 방주인의 모습이 보였다. 주인은 잠이 들어 있었다. 힘든 이사를 마치고 잠든 모습을 탓할 사람은 없을 것이다. 겨울이고 방문은 열려 있고 짐은 사방에 널려 있는데 한 아가씨가 어질러진 술병 속에서 아무렇게나 퍼져 잠이 들었다면 상황은 달라진다. 그 풍경을 보고 나는 절망했다. 그림도 좋고 운동도 좋고 사랑도 꿈도 다 좋다. 삶과 자신에게 지켜야 할 예절이 있는 것 아니겠는가. 서울에서 학생운동을 하며 미술대학을 졸업한 홍명숙이 그렇게 불로동 작업실 식구가 되었다. 우리는 그를 홍명이라 불렀다.
첫날의 모든 풍경은 기우였다. 방문이 열렸건 말건 눈보라가 치건 말건 술을 먹었건 말건 그는 그림을 그렸다. 고흐를 보지 못했지만 마지막 고흐의 그림 작업이 홍명의 작업을 닮았을 거라는 생각을 했다. 밤낮 가리지 않고 아무런 거리낌 없이 그림을 그리는 그의 모습이 보기 좋았다. 열린 문을 통해 그림 그리는 그의 뒷모습을 바라보다 계단을 오르는 것이 그 무렵 나의 큰 즐거움이었다. 그의 첫 전시가 광주 예술의 거리에서 열렸다. 오픈식 날 그는 어디서 구했는지 모르지만 하얀 원피스에 하얀 구두를 신고 멋진 파마를 하고 나타나 불로동 식구들을 놀라게 했다. 평소에 보던 홍명의 모습이 아니었다. 홍명의 그림 속에 스며 있던 천사가 발현한 것 같았다. 나는 그 전시의 도록에 발문을 썼다. 불로동 작업실 첫날의 놀라운 인상기로 글을 시작했음은 물론이다. 전시는 대성공을 이루었다. 완판이었다. 그 무렵 광주를 찾은 몇몇 글쟁이들도 그림을 샀다.

홍명의 전시에 신화가 스며들었다. 광주 천변의 한 영화관에서 표를 받던 한 청년이 우연히 홍명의 전시실 앞을 지났다. 사람들이 모인 전시실 내부를 바라보던 청년의 눈에 하얀 원피스를 입은 이날 주인공 모습이 들어왔다. 선녀 같기도 천사 같기도 했다. 그는 매일 이 전시실을 찾아왔고 이 아름다운 화가 아가씨와 말을 한번 하고 싶은 꿈을 지니게 됐다. 전시장이 문을 닫는 밤 시간에 홍명의 뒤를 쫓기도 했다. 홍명이 어디서 사는지 궁금했다. 그렇게 청년은 우리의 적산가옥을 알게 되었고 밤늦게 귀가하는 홍명을 작업실 앞에서 기다리는 날이 많아졌다. 어느 자정 무렵 귀가하던 홍명에게 청년이 말을 걸었다. 목소리에 깊은 떨림이 있었다. 그렇게 둘은 만났다. 청년에게 바이크가 있었다. 바이크 뒷자리에 앉은 홍명이 긴 스카프 자락을 날리며 광주 천변을 달리는 모습은 그 시절의 우리에게 그림보다 더 그림 같은 풍경이 되었다.

둘은 광주를 떠나 소래 포구에 자리를 잡았다. 청년은 어부가 되어 물고기를 잡아 팔고 홍명은 미술학원을 차려 아이들을 가르쳤다. 아이 둘을 낳아 길렀다고도 한다. 어느 날 대학의 연구실로 전화 한 통이 걸려왔다. 선생님 저 홍명이에요. 목소리가 울먹였다. 오늘이 스승의 날이잖아요. 내 첫 전시에 글을 써주셨지요. 그 원고료 지금까지 드리지 못했어요. 저 소래에서 학원하고 살아요. 원고료 드리고 싶어요.

그날 이후 홍명의 소식을 듣지 못했다. 젊은 날이란 꿈처럼 흐르는 것. 사랑 또한 꿈처럼 흐르는 것. 그는 내게 가지가 굳건한 매화 그림 한 점을 주었으니 전시회 글 값으로 그보다 다정함이 있겠는가?

정와, 맑고 아름다운 세상의 꿈

이태호 선생 이야기를 빼놓을 수 없다.

선생은 미술평론가로 당시 전남대 미술교육과에 근무했다. 불로동 작업실에 거의 매일 출근하였으며 이곳에 둥지를 튼 광주 미술인 공동체와 젊은 그림쟁이들의 영원한 사부 역할을 했다. 국립박물관에 근무하는 동안 최순우 관장 밑에서 눈에 피가 나도록 조선의 그림을 보고 미술사를 정리한 이력을 지닌 그는 대학 강의에서 큰 인기를 얻었는데 광범위한 답사를 바탕으로 한 그의 강의는 우리 문화유산 답사 붐의 배경이 되었다. 나의 낡은 르망 스페셜을 타고 나라 안 이곳저곳을 답사한 시간은 내 글쓰기에도 많은 도움을 주었다.

거제도의 바닷가 마을들을 답사하고 돌아오는 길이었다. 구조라, 이름도 아름다운 해안길에서 거북이 한 마리를 만났다. 거북은 엉금엉금 기어 아스팔트 도로를 횡단하는 중이었다. 나는 차를 멈추어 세웠고 거북이 길을 통과하기 기다렸다. 그때 이태호 선생이 말했다. 거북을 잡읍시다. 일행 중의 한 사람이 라면 박스에 거북을 넣었고 나는 예기치 못한 이 상황에 당황했다. 이태호 선생의 말이 이어졌다. 예부터 거북은 장수의 상징이었고 민초들의 삶의 한 꿈이었으니 이 거북으로 용봉탕을 만들어 먹고 힘내어 독재정권과 싸운다면 거북의 존재 가치가 빛날 것이다. 화가 김진수가 당황한 나를 구원하고 나섰다. 동물을 좋아하는 딸 아이가 있으니 자신이 데려가 키우겠다고 했다. 약간의 설전이 있었으나 거북은 김진수의 집으로 가게 되었다. 김진수가 거북을 데려가는 마지막 순간에도 선생은 용봉탕에 대한 미련을 버리지 않았다. 며칠 뒤 여의치 않으면 꼭 용봉탕 만들어 먹읍시다. 민중미술 사학자였던 그의 진면목을 보았다. 그날 밤 거북은 김진수의 아파트 베란다에 마련한 임시 거처에서 알 두 개를 낳았다. 다음 날 김진수는 목포의 한 바닷가에 거북을 놓아주었다.

1994년 5월, 그해는 동학 100주년이 되는 해였다. 그이와 함께 고창 선운사에 갔다. 동학 유적지인 마애불을 살펴보기 위함이 있었고 몇몇 미술학도들과 선운사에 남은 목판들을 실제로 탁본할 목적이 있었다. 지금은 보물로 지정된 석보상절의 목판 몇 장을 탁본했는데 고인쇄의 매력에 푹 빠질 수 있는 시간이었다. 주지 스님이 낡은 판액 하나를 내오셨다. 정와(靜窩), 맑고 고요한 오두막. 원교 이광사 선생이 선운사에서 하룻밤을 묵고 내린 판액이었다. 추사 김정희는 그보다 한 세대 윗 선배인 원교의 글씨를 폄하했다. 글씨가 투박했고 시골스런 느낌이 깊었다. 동국진체로 쓰인 이광사의 글씨가 마음에 따뜻했다. 산 밭에서 가을 햇살을 듬뿍 받고 자란 고구마와 감자 호박의 느낌이 드는 필체였다. 정와 탁본 한 장을 정성스럽게 해서 간직했다.

세월이 흘러 순천의 옥천 샛강 변에 작은 오막살이 하나를 얻어 시를 쓰고 살게 되었을 때 나는 이 오두막에 정와라는 이름을 붙였다. 탁본 액자를 오두막의 정면에 모셨음은 물론이다. 오두막에서는 강물 소리 새소리 바람 소리가 다 들린다. 창을 열면 꽃향기가 스미어든다. 놀랍게도 이곳에 파랑새가 산다. 날개가 파란 물까치다. 파랑새는 내가 강변을 걷는 동안 앞뒤에서 날아오른다. 나는 매일 시를 쓰고 그림을 그린다. 궁핍한 왕조 시절 지닌 것 없는 가난한 선비는 이곳저곳 나라 안 곳곳을 떠돌며 시를 쓰고 글씨를 나누며 살았으니 그가 지닌 삶의 꿈 또한 우리와 다르지 않았으리라.

파랑새를 따라 옥천강에서 동천강으로 걸어나가는 동안 나는 풀밭 위에 쭈그리고 앉아 시를 쓴다. 시가 무엇인지 지금도 모른다. 그리움 꿈 사랑 자유. 곁에 머물고 싶었던 시간은 가득했으니 설령 시가 무엇인지 모른 채 이승을 떠난다 해도 아쉬움은 없다.

척박한 시절 내게는 광주 천변의 낡은 목조 적산가옥이 있었다. 그곳에서 만난 가난한 예술가들과 그들의 삶 그들의 꿈의 모습이 내게 영감을 주었다. 아픔이 없는 시절은 아름다운 시절이 아니다. 그 시절에 피는 꽃과 꽃 속에서 만났던 사람들이 있다. 그들의 사랑과 남은 생 위에도 등꽃 피는 시절과 파랑새 나는 하늘이 오래오래 펼쳐지기를!

광주, 꽃도 새도 없는 천변들

나의 '배고픈 다리'는 광주시 학동의 못생긴 교량 이름이다. 나중에 이 일대가 굉장히 부촌이 되어 깜짝 놀랐으나, 1980년대까지도 이곳은 이농민 중에서도 특히 가난한, 그러니까 서울까지 올라가지 못할 만큼 열악한, 도시 빈민의 최하층에 속하는 사람들이 모여드는 곳이었다. 그 처량한 동네에 다리가 생겼는데, 어엿한 명칭이 있건만 다들 개의치 않고 애오라지 배고픈 다리라고만 불렀다.

광주, 꽃도 새도 없는 천변들

김형수

첫 발자국

내가 사춘기에 들어설 무렵에 한세일이라는 가수가 있었던 사실을 지금은 아무리 설명해도 알아듣지 못한다. 하지만 당시에는 그 목소리를 모르는 사람이 없었다. 라디오만 틀면 「모정의 세월」이라는 노래가 흘러나왔다.

> 동지섣달 긴긴 밤이 짧기만 한 것은
> 근심으로 얼룩지는 어머니 마음

나는 "근심으로 얼룩지는" 어머니가 챙겨준 쌀 한 말을 어깨에 메고 길을 떠났는데, 만원 버스 통로에 겨우 자리를 잡았을 때 이 노래의 끝 소절이 나오고 있었다. 곧바로 시동이 걸려서 차가 움직였으니, 나의 신체가 고향을 빠져나오면서 들은 마지막 음악이 이 구절이 되는 셈이다.

아, 가지 많은 나무에 바람이 일 듯
어머니의 가슴에는 물결만 높네

그때 나이는 열여섯이었다. 멸치 반찬을 담은 책가방에 한 말들이 쌀자루를 소지했으면 함평 문장 장터에서 광주 산수동까지 가는 길이 중노동에 속했을 텐데, 내게 그런 노고쯤은 투정할 겨를이 없었다. 꿈에 부풀어서가 아니다. 초행길이고 혼자였다. 모든 생명은 깜깜한 '미지' 앞에 서면 다섯 개, 여섯 개가 넘는 비상등을 켠다. 한 존재가 정체를 알 수 없는 어둠 속에 놓인다는 말은 익숙한 세계의 끝과 낯선 세계의 시작을 연결하는 통로에 놓인다는 말이며, 어디서 맹수를 만날지 모르는 위험 앞에 선다는 말이기도 하다. 내가 그런 심리를 겪는다는 걸 아무도 눈치채지 못하지만 그래도 나는 장차 닥쳐올 나날을 한 치 앞도 가늠할 수 없었다.

생각해 보면, 팽팽한 긴장의 끈을 당길 때 나의 신체가 마술을 부린다는 사실을 당시의 나는 몸소 겪으면서도 잘 알지 못했다. 지독한 '말더듬' 때문이었는지 모른다. 몸은 약하고, 환경은 어렵고, 내세울 거라곤 없는 나의 빈곤을 알아서인지 온몸의 촉수들이 일제히 일어서서 마치 달빛이 허공을 그으면서 남기는 칼날의 서슬만큼이나 푸르게 긴장의 빛을 발하고 있었다. 그날 버스가 달리면서 휘돌던 시골길 모퉁이며, 쥐불의 흔적이 선연한 둑길과 가파른 언덕들이 아직도 기억에 생생하다. 더구나 버스가 길고 긴 흙먼지로 이어진 띠 하나를 매달고 달리던 끝에 고향 냄새가 더는 나지 않는 외딴 들판을 굽이치는 강이 따른다는 것을 알았을 때는 얼마나 가슴이 벅찼는지 모른다. 돌멩이도 많고 패인 흔적도 많은 신작로를 덜컹거리느라 불필요한 상념들이 탈탈 털렸는지 모른다. 머릿속이 한 사코 맑았다. 그리고 환한 봄볕 속에서 깡마른 들판을 장엄하게 흐르는 강 풍경에 그토록 매료되었던 건 내 나이가 사춘기를 지나고 있었던 까닭일 것이다.

사춘기란 인간의 신체 안에서 생명의 기운이 격동치는 매우 특수한 시기를 일컫는다. 입맞춤 하나에도 정신과 신체의 전면이 떨리는 경험은 아마 이때밖에 할 수 없을 것이다. 인간의 감수성이 파란만장의 충동에 휩싸이는 나이, 한 존재가 천방지축으로 요동치는 나이. 생각해 보면 그 나이에 나는 농경문화와 작별하고, 근대 산업문명 속으로 질주하고 있었다. 그때 바라본 마지막 풍경은 너무나 아름다웠다. 사람들은 물빛이 언제나 푸르다고 말하지만 그날의 황룡강은 한없이 여린 녹색을 하고 있고, 건너편 산에는 아지랑이와 구름이 쉬지 않고 이어져 마치 사람이 기뻐하는 모습 같았다.

그리고 얼마 안 지나서 아스팔트 길이 나타나고 버스가 송정리 정류소에 닿자 자취생으로 가득 찬 승객이 반이나 내렸다. 농촌을 벗어나서 근대 도회문명의 일부로 이전을 감행하는 행렬들은 그때나 지금이나 아무 기약이 없다. 다만 빈 좌석이 늘어서 나도 자리를 찾아 앉았다. 그와 동시에 멀미가 시작되었던 일을 지금에 와서는 대지의 영혼이 흔들리는 신호였다고 술회하지 않을 수 없다. 생태계를 이탈한다는 것은 하나의 생명체로서 커다란 시련이자 불행에 속한다. 과학기술이 발달해서 인간의 일상이 송두리째 문명 내부의 동작이 되고 나면 이제 대지의 움직임을 거의 인지하지 못하게 되어 있다. 차장이 송정리에 도착했다고 알렸을 때 나는 금방 내릴 줄 알았는데, 실제 광주는 그곳에서도 얼마나 더 가야 만날 수 있었는지 모른다. 그 지루함 속에서 시종 떨고 있는 차창에 기대어 어지

럼과 구토증에 시달리면서 버스가 가까스로 광주에 닿았음을 확인한 것은 돌고개를 넘어서 양동시장을 지날 때였다. 그때 창밖으로 천변을 보고 얼마나 소름이 끼쳤는지 모른다. 세상에, 꽃 한 송이 피지 않고 새 한 마리 날지 않는 물길도 다 있다니!

 양동시장 개울에서 움직이는 물은 '강'이 아니라 정확히 '강의 유령' 같은 것이었다. 강물은 여름에는 벽옥색, 가을에는 푸른색, 겨울에는 검은색을 하기 마련이다. 물가에 있는 산천도 여름에는 나무와 풀포기들이 울창하여 넉넉한 모습을 하고, 겨울에는 어둡고 거센 바람이 만물을 덮어서 적막한 모습을 하게 된다. 그런데 그날 내가 본 양동 하천은 시커멓게 죽어서 송장처럼 뻗어 있되, 기괴하게도 그것이 살아서 꿈틀거리며 동굴 속으로 기어가고 있었다. 저기에 동행할 계절의 느낌이 다 어디에 있겠는가? 이것이 내가 만난 도회의 첫 모습이었다.

 광주 사람들은 거기에 적응이 됐는지 다들 평온한 일상을 누리고 있었다. 나는 천변 풍경의 충격이 가시지 않은 채 구역 사거리라 부르는 버스 정류소에서 내렸다. 멀미가 심했기 때문에 대인동 한길 가에서 한참을 앉아서 쉬어야 했다. 같이 버스를 탔던 사람들은 흔적도 없이 사라지고, 혼자서 쌀자루를 깔고 앉았다. 책가방에서는 반찬 봉지를 새어 나온 국물이 진득거리는 바람에 무릎 위에 얹을 수도 없었다. 에고, 나는 말로만 듣던 대인동 사거리에 노숙자처럼 앉아 있다가 건너편에 있는 소방서를 발견했다. 신호등을 놓치지 않고 빨리 건너려고 서두르는 사람들을 보자 내 신체의 촉수들이 또다시 깨어나 일제히 비상등을 켰다.

 세상의 모든 '말더듬이'들은 아무리 낯선 길을 만나도 절대로 길을 묻지 않는다. 그들에게는 낯선 사람보다 낯선 길이 더 편하다. 직관이 발달하지 않을 수 없다. 나는 형이 그려준 약도를 펴서 왼쪽으로 길을 건너고,

소방서에서 다시 오른쪽으로 꺾은 뒤 가구 상가 옆 골목으로 들어가 대인시장을 만났다. 번잡한 시장 안에서는 쌀자루가 무거워도 내려놓고 쉴 자리가 없었다. 그래서 되도록 빨리 개천을 찾아서 천변을 따라 걸음을 재촉하여 전남여고 담벼락에 이르러야 했다. 그때 땀을 뻘뻘 흘리면서 종종걸음으로 걸었던 풍경들을 어떻게 설명해야 좋을지 모르겠다. 말하자면, 물푸레나무 하나 없는 천변, 꽃도 새도 발붙일 자리가 없는 죽음의 개천 위에 뽕뽕다리 하나가 아슬아슬하게 걸쳐 있는 곳도 있었다. 시장에 오고 가는 숱한 다리통들 사이로 그 뽕뽕다리를 바라보면서 나는 자꾸 엉뚱한 생각을 떨칠 수 없었다. 누가 저 다리를 놓았을까? 저 가느다란 곳을 아이들은 어떻게 건널까? 그 때문인지 나는 나중에 형이 사이먼 가펑클의 「험한 세상 다리가 되어」를 들려줄 때마다 이상하게도 대인시장 개천 위의 뽕뽕다리가 생각났다.

    거칠고 험한 물 위의 다리처럼
    나 자신을 눕혀 놓겠어요

전남여고 담벼락이 끝나고 조금 더 올라가니 평상이 있는 공터가 나오고, 그 옆에 공중전화기가 있었다. 형이 전화를 걸라는 장소였다. "여보세요?" 주인집 딸이 받았을 것이다. "문간방에서 자취하는 학생 바꿔주세요." 그때의 희열을 나는 어떤 시로도 그린 적이 없다. 그렇다고 '찰나의 기념비'가 사라질 리 만무하다. 전화 한 통화로 내가 평생 별명처럼 달고 다니는 '광주놈!'이 되었으니까.

'광주놈!' 속으로

'광주놈!' 이 말이 얼마나 머나먼 광야를 감추고 있는지를 당시의 내가 어떻게 알 수 있었으랴. 그리고 그 깜깜한 '미지'는 나뿐 아니라 광주에게도 마찬가지로 '처음'이었는지 모른다. 우리는 서로가 서로에게 너무나 낯설었다. 말하자면 나는 광주고 27회인데, 우리 기수는 1975년 고교 연합고사를 치러서 추첨으로 배정된 첫 학생들이었다. 입시전쟁에서 해방된, 나와 동갑내기 고교생들은 광주가 처음 겪는 '신인류'나 마찬가지였다. 경쟁률이 높은 입시 지옥을 통과하지 않았다는 이유로 주위에서는 패잔병 취급을 하기가 일쑤였다. 특히 나처럼 명문고에 배정된 학생에게는 '광주고'가 아니라 '계림고' 학생이라고 놀리는 이가 많았다. 또 그래서였는지 모르지만, 새로 편성된 학급에서 분단 배정을 마치고, 학생들이 사는 동네를 밝히게 했는데, 반장이 등하교 시간이 많이 필요한 아이들을 촌놈으로 분리해 명단을 적었다. 도대체 어디에 사는데 촌놈이라 하는지 지켜보았더니 송정리 친구들이었다.

아뿔싸! 내가 자란 시골에서는 비가 오는 날이면 송정리역에서 열두 냥짜리 기차(이게 유행가 속에서 '서울 가는 십이 열차'로 등장하는 그 물건이다)가 출발하느라 꽤액! 하고 울리는 기적 소리가 들린다. 어릴 적에 우리는 정거장에 늘어선 휘황한 불빛을 보려고 '밀재'라고 하는 높은 등성이에 오르곤 했다. 날씨가 좋은 날이면 멀리에서 이른 저녁에 켜놓은 불빛들이 보인다. 새벽에는 그 빛이 더욱 찬란한데, 저마다 그곳을 가리켜 광주라고 불렀다. 그러니까 내 고향에서 광주라고 부르는 도회지를 정작 광주 아이들은 시골로 여기고 있었다. 그리고 다음이 중요한데, 나는 무사히 '광주놈!'으로 분류되었다. 송정리 친구들이 촌놈이 되고 내가 광주놈이 된 것이다. 이 어처구니없는 문화 충격이라니.

'광주놈!'이라는 투박한 발음 속에 담긴 묵직한 기운을 나는 오랫동안 이해하지 못했다. 물론, 그 말이 나의 더듬이에 닿는 감촉이 특별하지 않을 턱은 없다. 도시는 사람들이 고밀도로 모여 사는 장소이다. 도시가 삶의 장소로서 의미를 얻는 것은 하나의 무대에 숱한 세대의 경험과 추억이 덧쌓인다는 점에 있다. 장소는 하나이나 그 장소를 사용하는 세대가 바뀌면 도시의 치장도 달라지고, 그 위에서 펼쳐진 수많은 일화도 나이테처럼 새겨져 흔적을 남긴다. 여기서 주목할 사항은 근대 도시들이 대개 사회 구성원들의 정념과 사리사욕의 감정을 다스릴 수 있는 집단의 미덕을 관리할 장치를 두지 못한다는 점인데, 이는 공동체에 속한 구성원 낱낱을 동시대의 다수 동료로부터 떼어놓고, 가족과 이웃의 연대감마저 단절되게 만든다. 대지에 형성된 정치유산이나 문화유산과 절연된 상태를 '자유'요 '개성'이라고 착각하는 고립무원의 신도시 군거(群居) 지역들이 그렇게 조성되는 것이다. 그런데 광주는 다르다. 이곳은 오히려 무등산 아래 들어선 하나의 '마을 공화국'이라 해도 된다. 이 약소국이 억지로 '봉건'을 벗고 '근대'로 내쫓기는 안쓰러운 자리에서 매우 저항적인 성장통을 겪는다는 것을 그때도 나는 동물적 본능으로 느끼고 있었다.

'광주놈!'이라는 낱말은 아무 데서나 불시에 마주칠 수 있었다. 비록 나도 그 하나로 취급되고는 있었지만, 당시에 이 독특한 마을 공화국의 이념이며 빛깔을 전혀 알 수 없었다. 그래도 세상은 운행을 멈추지 않으니, 나는 아무 예행연습 없이 새로운 세계로 곧장 빨려 들어갔다. 그때 미지의 세계로 나를 안내하는 통로는 크게 두 방향으로 뚫려 있었다. 이제 그걸 이야기하려면 불가피하게 나의 작은형을 소환하지 않을 수 없다.

나와 세 살 터울인 작은형은 어려서부터 집안일을 도울 여가가 많지 않았다. 초등학교 6학년 때부터 밤늦도록 중학교 입시 수업에 매달렸으니, 맨날 내게 도시락 심부름을 시키다가 결국 가족 중 최초로 도시 유학을 떠난 엘리트였다. 당연하게도 가족들은 작은형이 잘하는 일이 무엇인지를 알지 못했다. 가장 근거리에서 관찰할 수 있었던 내게도 형의 주특기는 포착되지 않았다. 다만, 마을에 전기가 들어올 때 알전구를 붙들고 가수 흉내를 내던 모습을 잊을 수 없었는데, 나는 고등학생이 되어서야 비로소 작은형이 천하의 한량이라는 사실을 알았다. 내가 광주에 도착했을 때 형은 5년제 전문학교 4학년에 다니고 있었는데, 남들보다 일찍 대학생 복장을 하게 된 까닭인지 유독 다리미를 끼고 살았다. 두 사람이 앉기도 좁은 자취방에서 형은 하나뿐인 사복 바지를 하루에도 수없이 다려서는 방문을 나설 때마다 입었다 벗기를 반복했다. 화장실에 가면서 입었던 바지를 방에 들어와서는 곧장 벗어서 다리고, 또 나가면서 입었던 바지를 방에 들어오면 다시 다려서 걸어놓았다.

　돌이켜 보면 추석에 있었던 고향 마을의 '콩쿨대회'를 보지 못했다면 나는 형을 제대로 이해하지 못했을지 모른다. 그날 형이 데뷔한(?) 무대는 한적한 시골 장터에 '모던 문화'의 폭풍을 불러오는 문화 습격이었다. 흡사 외계 문물을 퍼 나르는 구형 아이돌(?) 전사가 따로 없었을 것이다. 어릴 때는 머리통이 틀어졌다는 소리를 듣던 사람이 그 무렵에는 근사한 미남으로 변해 있었고, 몸매도 날씬한 데다 옷매무새가 근사해서 신체 미학의 한 '견본'으로 취급되고 있었다. 훤칠한 키에 '당꼬 바지'를 입고서 한껏 흔들어대던 춤은 얼마나 세련됐는지 우중충한 무대를 환하게 쓸어버렸다. 시골 청년들이 들판에서 야외 전축을 틀어놓고 무지막지하게 비벼대던 '논두렁 고고'와는 유(類)와 종(種)이 다른 춤사위였으니, 그야말로 개천에서 용이 난 셈이었다. 다음 날부터 동네 청년들이 형에게 통기타를

배우겠다고 줄을 섰는데, 그 속에는 훗날 도회의 밤무대로 진출하여 연주자로 살게 된 사람도 있다.

　나는 산수동에서 형과 자취를 하면서 그 문화의 내면을 실컷 접하게 되었다. 형의 신분은 대학생이었으나 실제로는 별로 크지 않은 제과점의 디제이를 본업으로 하는 사람 같았다. 그 시절에 우선 디제이의 동생 노릇을 하는 게 어떤 건지를 설명하자면 얘기가 조금 복잡해진다. 어떤 때는 형의 체육복과 교련복 값, 또 나의 체육복과 교련복 값을 한데 모아서 형의 양복을 맞추었다. 시골에서 부쳐오는 쌀값은 수시로 음반을 샀다. 소리통을 가동할 설비도 없는 자취방에서 당대 유행의 첨단을 알리는 각종 음반이 앉은뱅이책상을 점령했다. 책이라고 겨우 있는 것은 형이 유일하게 정기 구독하는 『월간 팝송』뿐이었다. 그곳에 싸구려 부품을 구입해서 형이 손수 조립한 누드 전축마저 없었다면 어쩔 뻔했을까? 그 남루한 시절이 내게 르네상스를 안겨주었다는 것은 참으로 역설적인 일이다.

　형은 광주에 '근대'를 보급하는 전위적인 세포의 하나라고 할 수 있었다. 도시 외곽에는 아직도 소달구지가 지나다니지만, 광주 학생회관 뒷골목은 막걸리와 소주로 매일 같이 난장판이 펼쳐지고, 대낮에도 술 취한 사람들로 북새통을 이루었다. 다들 공허한 마음에 세상이 언제나 외롭고 슬펐다. 두메산골에서 밤 보따리를 싸서 올라온 사내와 서울에서 명문대에 다니다 내려온 청년이 똑같이 '사나이'가 되고, 전날 밤 이빨 서너 개가 부러지는 혈투를 치르고 나도 다음 날이면 언제 그랬냐는 듯이 의좋은 친구가 되는 곳, 그런 역류의 힘이 속절없이 흐르는 광주천처럼 방치된 지대에서 형은 청바지와 통기타와 생맥주로 상징되는 청년문화를 퍼뜨렸다. 나는 형이 즐겨 부르는 가요 장르를 '포크송'이라고 명명하는 게 너무 이상해서 물었다. "형, 그런디 신식 가요를 왜 포크송이라고 부른당가?"

'포크'란 '전통'이라는 뜻인데, 왜 하필이면 첨단 가요를 그렇게 부르느냐는 요지였다. "응, 이건 미국에서 생겨난 용어야. 반문명을 앞세우고 반전운동을 지지하는 청년들이 미국 시골에서 구전되는 전통가요를 중시했거든." 그러니까 미국에서 순수를 지향하고 기성세대에게 저항하는 문화가 한국에서는 도회의 세련되고 지성을 겸비한 엘리트 문화가 된 것이다.

나는 기억한다. 형은 학교에서 돌아오면 자취방 문을 열고, 신발도 벗지 않은 채 덜렁 문지방에 다리를 걸치고 누워서 통기타를 부둥켜안았다. 그리고는 눈을 감은 채 반주를 곁들여서 노래 불렀다. 그때 귓전으로 듣던 곡조들이 미국 '포크송 정신'의 본질에 한국에서나마 가장 충실한 노래였다는 걸 나는 먼 훗날에야 알 수 있었다.

> 수양버들 춤추는 길에 새색시 시집가네
> 아홉 살 새색시가 시집을 간다네
> 가네 가네 갑순이 갑순이 울면서 가네

이 노랫말을 옳게 해석하는 사람을 나는 한 번도 만나지 못했다. 그런데 봉건 조선이 해체될 무렵에 매매혼이 극심했고, 아홉 살 여자아이가 비싼 값으로 팔렸던 사실은 연구자들의 논문 속에 고스란히 남아 있다.

6세 여아는 70량, 7세는 80량, 10세 이상은 수백 량으로 나이에 따라 값이 매겨진다는 기사(〈제국신문〉, 1901. 3. 25.)에서도 당시 여아의 매매와 매매혼의 정도를 짐작할 수가 있다. 매매혼의 형태를 띠고 있는 여아의 조혼은 가족의 생존을 위한 것이었다. (전미경, 『근대계몽기 가족론과 국민생산 프로젝트』, 소명출판, 53쪽)

아무튼, 이런 노래를 듣다 보면 왜 갑자기 인생이 시가 되고, 가난과 청승뿐인 유학생 신세가 세련된 보헤미안 문화로 돌변하는지 알 수 없었다. 그것이 우리를 더욱 가난하게 했지만 나는 형에게 한 차례도 피곤한 기색을 보이거나 방해한 적이 없었다. 언제나 곁에서 견디고, 더 좋은 관객이 되기 위해서 되도록 선율에 심취하는 쪽을 택했다. 매일 한 시간쯤 우리의 눈썹에 이슬방울이 맺혔다가 마를 때까지 형은 기타를 쳤고 나는 들었다. 지금도 그 시절이 너무 그립다.

모든 길은 '광고'로 통한다

그리고 내 앞에 뚫린 또 하나의 비상구가 있었는데, 그것은 내 청춘의 앞마당과 직결되는 통로라 함부로 보여주기조차 조심스럽다. 이 자리에서는 일단 파편의 하나를 건드릴 수밖에 없다.

세계는 인간의 체험 속에서 신성한 법. 내가 처음 자취생활을 시작한 산수동에서 계림동 광주고등학교에 이르는 길은 한없이 꼬깃꼬깃한 골목들의 진열장 같았다. 계림파출소에서 광주고까지를 가득 메운 위대한 서점가를 만날 때까지, 주택가를 관통하는 가느다란 보행로는 끝없이 길고, 군데군데 실타래처럼 엉킨 복잡한 미로들은 오선지 악보처럼 콜타르가 묻은 판잣집과 낡은 슬레이트 지붕들을 늘어놓는다. 나는 등하교 시간에 그런 세트장 같은 골목이 몇 개가 연결되는지도 모르는 채 그저 어깨높이의 창들을 전시장의 캔버스를 스치듯이 통과하곤 했다. 그러면서 도대체 대지의 풍모를 뜯어볼 자리라곤 없으니. 나는 1학년이 끝날 때까지 대인동 시외버스 정류소를 빼고 나면 아는 곳이 계림동의 '체 내는 집' 거리와 충장로 파출소, 그리고 광주천뿐이었다. 어쩌다 시내에서 방향을 잃으면 무조건 광주천으로 나가서 다시 충장로 우체국 길목을 찾아야 무사히 자취방으로 돌아갈 수 있었다.

　도시는 사람들을 모으되 '뿔뿔이 각자의 무리'를 군집시킨다. 내가 매일같이 지나치는 숱한 사람들은 모두가 타인이었다. 그래서 그 시절에는 위태롭게 세상 끝에 나앉은 소년처럼 외롭고 슬프고, 또 늘 혼미한 우울감 속에 잠겨 있었다. 이때 내게 광고 문예반이 있다는 건 얼마나 큰 위안이었는지 모른다. 교정은 얄궂은 연극 무대처럼 날마다 내가 등지고 온 세계를 그리워하게 만들었다.

> 그때 나는 열일곱 살이었어. 일본식 목조 건물 복도를 좋아했지.
> 교련실 목총 창고 검은 콜타르가 지워져가는
> 판자벽에 해바라기를 하고 서서
> 무엇에 깜박 정신을 잃었어.
> 내 짧은 머리칼을 바람처럼 흔들며 가는 것.
>
> 체육선생님은 사춘기의 냄새라 하고
> 국어선생님은 첫사랑의 냄새라 했어.
> 나는 그것이 어디서 와서 어디로 가는지 지켜보곤 했어.

　고교 졸업 40주년 때 쓴 회고시의 일부이다. 중요한 것은 그 '냄새' 속에서 나의 문학적 자아가 눈뜨고 있었다는 사실이다.

　내가 학교에 들어가자마자 찾아간 '광고 문예반'은 역대 선배 진용이 대단하다고 소문난 동아리였는데, 좀 극성맞은 전통을 가졌던 까닭에 교장 선생님이 수시로 시찰을 나오곤 했다. 술 마시고 담배 피우고, 한쪽 구

석에는 오줌통까지 장만해둔 광고 문예부실에서 나는 내게 불치의 '광주 질환'을 감염시킬 두 명의 선배를 만났다. 한 사람은 3학년 오영수였는데, 그 형은 내게 진한 반골 기질을 심어주었다. 한 번은 내가 4월 며칠인지도 모른 채 학교에 나가서 수업을 빼먹고 문예부실에 앉아 있는데, 영수 형이 3학년 선배 몇 명을 데리고 와서 급히 말했다. "야, 빨리 창문 닫아라." 분위기가 어찌나 심각하던지 나는 얼른 창들을 닫고 계단으로 나가서 보초를 섰다. 얼마 지나지 않아서 학생과장을 비롯해 몇몇 선생님들이 뛰어다니는 걸 봤는데, 3학년 선배들은 이미 문예부실을 빠져나간 뒤였다. 나는 특별한 행위가 없는데도 주변 공기가 그토록 삼엄하고 팽팽하여 숨조차 쉬기 어려운 분위기를 처음 겪었다. 알고 보니 학생회장단이 몰래 4·19 기념식을 감행한 상황이었다.

그해에 오영수 형은 주소 난에 다섯 글자 '광고 오영수'라고만 적힌 우편엽서도 배달될 만큼 문제아로서의 명성을 떨쳤다. 교정을 배회하는 고등학생 하나가 그토록 소문날 수도 있다는 사실이 나는 신기하기만 했다. 영문을 모른다고 안 될 것은 없다. 영수 형의 꽁무니에는 중요한 비밀이 달린 듯이 여운이 따랐으나 나는 상관없이 종종걸음으로 따라다녔다. 지금도 생각난다.

"모든 길은 광고로 통한다!"

이 말은 오영수 형이 기분 좋을 때 외치곤 하던 유쾌한 농담의 하나였다. 선배들에게서 배워온 건지, 아니면 자신이 지어낸 건지 알 수 없는 이 우스갯소리는 그러나 깜깜한 촌뜨기인 나를 세상의 변두리로 내쫓지 않고 자꾸 제 자리에 우뚝 세우는 역할을 했다. 그래서 심리적으로 한없이 위축되다가도 나는 광고 앞 세 갈래 길이 시야에 들어오면 별안간 이상한 긍지를 느끼며 되살아났다. 풍경의 힘인지 모른다. 과연, 광고 정문에 서서 오른쪽을 보면 서방을 거쳐 전남대 후문으로 가는 길이 펼쳐지고, 왼쪽으로는 계림동 오거리로 가는 길, 대인시장 입구로 가는 길, 거기에서 다시 산수동, 동명동으로 가는 길, 또 직진하여 금남로, 충장로로 닿는 길이 열리며, 방향을 정면으로 잡으면 대인동 소방서와 버스터미널, 또 광주공원과 천변, 양동, 돌고개로 뻗는 길이 엮여 있었다. 그리고 그 모든 길가에 나랑 친한 오영수 형이 단골손님 취급을 받는 선술집이 있었다. 그 많은 골목과 길바닥에 찍힌 발자국들을 소개하자면 몇 날 몇 밤을 새워도 모자랄 정도이다. 그러니 모든 게 '꿈속의 사랑'이었다고 말해도 된다.

가위 근대적 한량의 백미라고나 할까? 우리(?)는 부모의 말을 듣지 않는 청개구리들처럼 사회가 권장하는 온갖 유형의 '건전한 삶'을 따르지 않고, 모든 일상 속에서 오히려 다른 의미를 찾아내려 애썼다. 가령, 교련 수업이라는 게 있었다. 쿠데타로 권력을 잡은 군인들이 온 사회를 병영처럼 운영하느라 학생들의 봄 소풍조차 춘계 행군이라 부르게 했다. 그럴 때 경직된 장소에서도 우리는 신기한 주제를 연구하여 토론하곤 했다. 그러니까, "행군 간에 교가를 제창한다!" 하고 교관이 지시하면 뱀처럼 기어가는 대열이 일제히 노래를 시작한다. 그때 앞 대열은 산 중턱을 오르고 뒤 대열은 평지를 걷고 있다. 잠시 후 앞 대열이 교가를 끝냈는데도 뒤에서는 한참이나 노래가 이어진다. 똑같은 박자를 가진 노래거늘, 먼저 끝난 이는 뭐고 나중에 끝나는 이는 뭐람? 이건 대열을 구성한 사람들의 의지가 아니라 평지와 언덕의 차이가 만들어낸 것이다. 사람뿐만 아니라 강물도 그렇게 노래한다. 평지를 흐르는 물과 가파른 기슭을 흐르는 물이 다른 목소리를 내는 것이다. 살아 있는 것들은 이렇게 가파른 곳을 갈 때는 거친 호흡으로, 평평한 곳을 갈 때는 느슨한 호흡으로 발성할 수밖에 없는 법. 까닭에 사회에 따라서, 또 시대의 높이에 따라서 호흡이 다르듯이 각 개인의 정서적 곡절에 따라서도 호흡이 달라진다. 시의 운율이 여기에서 발생한다!

이런 놀랍고 신통한 발견이라니. 광고 문예부에서는 매사가 그랬다. 개미들이 열심히 부를 생산하느라 망가뜨린 세계를 베짱이가 한없이 탕진하면서 구원하듯이, 오영수 형은 출세가 아니라 '존재의 망각' 현상과 싸우는 일을 술주정하듯이 웅변하곤 했다. 문학을 이유로 만났지만 나는 문학과는 별개로 지상의 비애를 느끼면서 혼자 우는 법, 외로울 때 노래하는 법, 힘들 때 무작정 배회하는 법을 배웠으며, 인간에게 재부가 더 필요한지 그리움이나 간절함 같은 게 더 필요한지를 곱씹으면서 날마다 혼자서 각성하거나 더불어 세뇌당했다.

문학의 고향집에서 풍기는 냄새

그러나 내가 오영수 형을 따라다닌 사실만으로 문학 공부를 했다고 자랑하면 허풍이 된다. 내게 진짜 문학을 가르친 선배가 따로 있었던 까닭이다. 나보다 한 학년 위인 양홍준 형은 그때나 지금이나 생각하면 할수록 감탄사가 나오는 천재였다. 그는 고교 문예반에서 활동하는 수준이 아니라 기성 문단의 동향을 감탄하거나 개탄하는 '성숙한 문청'이었다고나 할까? 특히 유럽 문학의 동향에 밝아서 앙가주망에서 안티 로망까지, 또 이오네스코의 희곡에서 사무엘 베케트의 연극에 이르기까지 빠짐없이 찾아다니며 소감을 남겼다. 페터 한트케의 『페널티킥 앞에 선 골키퍼의 불안』에 대해서도 이러쿵저러쿵 떠들었던 기억이 난다. 까닭에 나는 홍준 형에게 귀동냥한 게 하나둘이 아니지만, 대표적으로 내세울 것은 『광고』

라는 제호를 가진 교지 편집 과정에서 얻은 소양이었다. 그러니까 고교 1년 여름방학이 되기도 전부터 교지편집위원이라고 호출되기 시작했는데, 양홍준 형이 내게 「사반세기 광고문학사」라는 특집 원고를 쓰게 했다. 교지 1호부터 24호에 이르는 과월호를 뒤져서 문예반 선배 이름을 수집하고, 또 그간에 행해진 '광고 문학의 밤' 행사 팸플릿 뒷면에 기록된 '선배 문인 명단'을 모아서 소위 '광고가 배출한 동문 문인들 서사'를 구성하는 작업은 계림동 헌책방 거리를 거의 참새가 방앗간을 드나들듯이 누비지 않고서는 불가능한 일이었다. 어떤 날은 선배들과 함께, 또 어떤 날은 혼자서 눈이 아프도록 참고 도서를 뒤졌던 기억이 난다. 생각해 보면 세상 물정도 모르는 나이에 그토록 강도 높은 훈련을 어떻게 견뎠을까 싶다.

여기서 계림동 헌책방 거리는 따로 설명이 필요한 소재이다. 나는 언젠가 이 헌책방 거리를 '광주 문학청년들의 교정'쯤 되는 곳으로 술회한 적이 있는데, 나도 일찍부터 순례하기 시작하여 군대에 입대할 때까지 그 소굴을 벗어나지 못했다. 때로는 새 책을 사려고 충장서림, 삼복서점까지 행차하곤 했으나, 그곳들도 다 근거리에 있어서 오가던 길에 버릇처럼 이곳을 들렀다. 중간에 간혹 궤짝 같은 튀김집들이 끼어 있을 뿐 좌우 상점들이 죄다 헌책방이었으니, 나는 고향의 두엄더미처럼 정든 그 진한 문학 냄새들을 아직도 지우지 못한다. 그곳에서 맡았던 헌책의 향기, 그곳에서 알게 된 숱한 지은이들, 또 그곳에서 마주친 헌책 구매자들의 표정은 모두 가장 예민했던 나이의 감수성을 타고 흘러와 나의 문학적 영혼을 구성하는 주요 부품들이 되었다. 교지 편집 당시 전주시립도서관에 있던 박봉우 시인에게 원고 청탁을 하러 가거나 전남매일신문사 편집국에서 근무하는 소설가 문순태 선생님을 뵈러 갈 때도 이곳에 들러 작품을 재차 확인하고 나서야 길을 떠날 수 있었다. 그리고 너무나 역설적이게도 나는

그곳에서 알게 된 숱한 책들 때문에 학교 교육과 영원히 등을 지고 말았다. 광고 문예반 활동은 옛날부터 모범생 이미지를 유지하는 것과는 병행이 안 되었으니, 그 이야기를 자꾸 하면 오히려 민폐가 될지 모른다.

그 대신에 입을 간지럽게 만드는 후일담이 하나 있는데, 내가 에밀 아자르의 『자기 앞의 생』을 광주에서 두 번째로 입수한 사건이다. 고1 가을에, 에밀 아자르라는 필명을 가진 작가를 무슨 수로 알겠는가? 하지만 프랑스 문학에 심취한 양홍준 형이 그해 공쿠르상 수상작이 발표되자마자 나를 데리고 하루에 한 번씩 광주 충장서림을 방문하였다. "아저씨, 『자기 앞의 생』 도착했어요?" 벌써 며칠째인지 모르게 묻고 다니던 어느 날, 하필 우리가 당도한 시간에 주문한 책이 서점에 도착했다. 주인이 커다랗게 포장된 묶음에서 새 책을 꺼내자 홍준 형이 곧장 두 권을 사서 한 권을 내게 주었다. "후배놈아, 내가 다 읽을 때까지 어떻게 기다리겠냐? 나랑 함께 다닌 공으로 너도 이걸 읽어라." 나는 다음 날 책 읽은 소감을 물을까 봐 부리나케 자취방으로 달려가 읽기 시작했다. 중간고사 같은 건 빵점을 맞는다고 해도 알 바가 아니었다. 에밀 아자르는 본디 로맹가리라 불리던 작가가 한 번 받았던 공쿠르상을 다시 받기 위하여 지은 필명이라는 건 세월이 까마득히 흐른 다음에야 밝혀진 일이다. 당시 권위주의적인 교실에서 빡빡 깎은 머리를 하고 순한 짐승처럼 교탁 앞에 앉아 있는 친구들은 그런 나의 행동 양식을 도대체가 이해할 수가 없다는 반응들이었다. 하지만 계림동 헌책방 거리에 누적된 보이지 않는 발자국의 두께를 안다면 오히려 하나의 학파를 연상하게 될지도 모른다. 나는 학교 공부와 일찌감치 등지고 살았으나 계림동 헌책방 거리만은 누구에게도 뒤지지 않을 만큼 열심히 출석했다.

돌이켜 보면 내가 그 시절에 입수한 책들은 대개 한국 출판 역사의 금자탑을 이루는 저술들이었다. 가장 먼저 꼽을 것은 신구문화사에서 간행한 '세계전후문제작품집 시리즈'인데, 그 열 권 중에서도 『한국전후문제시집』, 『세계전후희곡작품집』은 특별히 희귀한 물건이라 계림동에서 못 찾으면 서울 청계천까지 올라가야 할 정도였다. 같은 출판사에서 나온 『52인 시집』이나 이호철, 장용학의 소설집도 인기가 있어서 눈에 띄면 구해다 후배들에게 안기고는 했다. 그렇게 열심히 서점을 뒤지고 다니다 보면 이상하게도 전설 같은 선배들의 이야기를 덤으로 얻는다. 광고 문예반의 전성기를 구가한 시인 이성부, 조태일 등도 학업에 전념할 겨를이 없었다고 들었는데, 이분들은 학창 시절에 이미 박봉우 시인이 주도하는 '영도'라고 하는 유명한 '시 동인'의 일원으로 활동했다. 그로부터 까마득한 후배인 우리 세대들까지도 틈만 나면 그들의 조숙한 '문학 편력기'를 입에 달고 살았다. 그러다 한 번은 헌책방 뒷골목에 있는 튀김집에 들어가 쉬는 참인데, 주인아주머니가 내 손에 들린 책을 보더니, 옛날에 꼭 그러고 다녔던 학생이 있었다고 말을 걸었다. 내막을 들어 보니 이성부라는 학생이 아랫집에서 살았는데, 가족들의 용모가 얼마나 훤한지 그 여동생이 '미스 전남' 진인지 선인지를 한 적이 있다는 등 후일담을 펴는데 영락없는 이성부 시인 이야기였다.

    그러나 꿈같은 시절은 그리 오래 가지 못했다. 내가 3학년이 되었을 때 교정을 떠난 선배들이 하나같이 청춘의 위기를 겪고 있었다. 양홍준 형은 대학에 떨어져서 재수생이 되겠노라고 명문 학원을 찾아서 서울로 올라가고, 오영수 형은 재수생이 되어서도 공부를 하지 않고 문예반 언저리에서 방황하더니 또다시 입시에 실패하여 삼촌인지 외삼촌인지 하는 분께 붙들려갔다. 그리하여 다들 소식이 끊어진 상태에서, 그동안 깎아 세운 듯한 모범으로 후배들을 다독이던 청교도 같은 선배 하나가 3수생이 된 지 얼마 안 되어서 자살하고 말았다. 아, 주함이 형, 너무나 보고 싶은 우리의 김주함 선배! 그때 나의 충격은 이루 말할 수 없이 컸다. 몇몇 선배들이 긴급 회동하여 불과 몇 페이지에 지나지 않는 소박한 유고 문집을 내어서 대충 나눠 갖는 것으로 각자의 자리로 흩어졌다. 그것이 내가 기웃거리던 고교 르네상스의 마지막 풍경이다.

그리고 그때를 기해서 하필이면 나의 작은형이 군에 입대하여 나는 광야에 내던져진 새끼 늑대 같은 신세가 되었다. 광주에 덩그러니 홀로 남아서 군중 속에 '방생'된 목숨처럼 공허하기 그지없는 존재가 어디에 있을까? 나는 극심한 외로움에 시달리면서 다시 허무주의를 익혀가기 시작했다.

모르지. 다들 어디로 갔는지
그리고 밤거리의 불빛들로부터
어디론가 분주히 제 집을 찾아가는 타인들의 발소리로부터
내 설레던 가슴이 얼마나 쏜살같이 흩어지곤 했는지
그런 밤 꿈에 얼마나 많은 꽃들이 졌는지

그렇게 가슴 저미는 고독 속에서 나는 또 '말더듬이'의 직관으로 '광주'라는 마을 공화국을 떠받치고 있는 대지의 숨결과 조금씩 가까워지게 되었다. 이를테면, 매일같이 마주치는 '광주놈들!'의 가슴 밑바닥에 있는 무엇인가가 내게는 텅 빈 듯한 결핍감이 인지되기 시작한 것인데, 나는 '농장다리'가 왜 '농장다리'인지 몰랐으며, 경양방죽이 어디에 붙어 있는지 알 수 없었다. 이런 젠장, 방죽이라면 분명히 물이 채워져 있어야 하고, 철길이라면 모름지기 철도가 놓여 있어야 하는데, 광주 아이들이 말하는 그런 곳들을 지나다니다 보면 아무리 주의를 기울여도 정체를 알 수 없

고, 이상한 지명들만 자꾸 늘어났다. 신역과 구역, 시청과 구시청……, 이렇게 친절하게 '신' 자나 '구' 자 항렬이 들어간 이름은 어렴풋이 장소를 짐작할 수 있는데, 그와는 전혀 다른, 저 난감한 경양방죽 같은 물길의 흔적들은 근처를 아무리 둘러봐도 도대체 시늉을 낸 표시가 보이지 않았다. 한 번은 작심하고 묻고 물어서, 그곳들이 결국에는 광주의 풍속사 속에서만 살아 있는 장소라는 걸 알게 되었다. '광주놈!'으로 살자면 이제 당연한 순서로 지상에서 사라진 '기억 속의 유령들'에 대해 눈뜨지 않을 수 없었다. 이제 그 이야기를 할 차례이다.

빌딩들 속에 숨은 유령하천들

가령 말이다. 내가 문단에 나서게 된 이력을 밝힐 때면 늘 "『민중시 2』에 「배고픈 다리」 외 6편을 발표했다"고 말한다. 이때 광주를 모르는 사람에게 '배고픈 다리'라고 하면 흔히 '밥을 안 먹어서 다리에 힘이 없는 상태'를 연상한다. 그런데 나의 '배고픈 다리'는 광주시 학동의 못생긴 교량 이름이다. 김수영 시인이 광주에서 살았다면 이런 이름들 때문에 감히 '현대식 교량' 같은 근대 용어를 사용하기가 어려웠을 것이다. 나중에 이 일대가 굉장히 부촌이 되어 깜짝 놀랐으나, 1980년대까지도 이곳은 이농민 중에서도 특히 가난한, 그러니까 서울까지 올라가지 못할 만큼 열악한, 도시 빈민의 최하층에 속하는 사람들이 모여드는 곳이었다. 그 처량한 동네에 다리가 생겼는데, 어엿한 명칭이 있건만 다들 개의치 않고 애오라지 배고픈 다리라고만 불렀다. 왜냐면 보통 다리는 중앙이 볼록하고 가장자리가 낮아서 설령 비가 오더라도 물이 옆으로 흘러내리게 돼 있는데, '학이교'라고 새겨진 이 다리만은 중뿔나게도 복판이 오목해서 비가 올 때마다 물이 고였다. 그럴 때 차라도 지나가면 행인은 물벼락을 피할 수 없으니 별명이 붙을 만한 장소라 아니할 수 없다. 그런데 서울에도 오목교라는 다리가 있는데 광주 사람들은 왜 그런 개념을 사용하지 않을까? 가까운 거리에 배부른 다리도 있으니까 요철교라고 부를 수도 있는데 말이다. 거기에는 아마도 배고프다는 감정을 항용 달고 사는 계급성이 숨어 있었을 것이다. 그래서 즉각적으로 감지되는 굶주림 이미지 때문에 아무나 '배고픈 다리'를 물으면 모두가 그곳을 가르쳐준다. 택시기사도 이의 없이 데려다준다. 며느리밥풀꽃 같은 생득된 형식이다. 이런 식으로 존재하는 숱한 지명들 속에 '광주놈!'이 아니면 도저히 식별할 수 없는 장소들이 있는데, 이것들은 모두 지난날의 기억 속에서 유구한 것이 현실에서는 죽은 지 오래된 까닭에 생겨난 현상이니, 굳이 말하면 광주천의 유령 같은 이름이라 할 수 있었다. 그러나 이를 모르면 '광주놈!' 취급을 못 받는다. 맙소사!

그래서 언제부터인지 모르게 나도 광주라는 마을 공화국이 들어설 무렵부터 존재했던 본래의 대지에 대해서 조금씩 습득하게 되었다. 그것은 단지 신체가 사라진 장소를 숙지하는 문제가 아니고 광주에 가득 찬 집단적 '영성'에 접근하는 길이요, 나아가 나 자신도 그런 대지의 유령들과 통섭하는 문제이기도 했다. 그것을 지금은 이렇게 설명할 수 있겠다. 한 도시가 개별적이고 자족적인 우주를 구성하려면 외부와 다른, '집단의 경험과 기억'을 축적해야 한다. 여기서 '축적'이라고 하는 낱말은 반드시 '장소'를 전제로 하여 성립되는 것이니, 모든 이야기는 무대를 안고 있으며, 또 모든 무대는 그에 고유한 이야기를 보존하는 장치이기도 하다. 고로 그 무대를 기억하는 영혼들이 사라지지 않는 한 누군가는 반드시 거기에 딸린 이야기를 상기시키고 지목하게 돼 있다. 더구나 광주처럼, 세상을 움직이는 거대한 매혹을 거느린 미덕의 대명사들이 시대와 국면이 바뀔 때마다 반복해서 출현한 대지는 더욱 그렇다.

그 연장선에서 내가 조금씩 눈뜨게 된 광주의 '내력'들은 책에서 배우던 지식보다 훨씬 중요하고 직접적인 생활영역에 속했다. 까닭에, 시골에서 올라온 후배들을 만나면 나도 친절히 알려주지 않을 수 없었다. 저 옛날 일제 강점기에 최흥종 목사가 활동하던 시절부터 이 지역의 상징적 인사들이 보여주는 놀라운 특징은 '공동체를 향한 압도적인 헌신의 힘'이다. 그래서 임방울, 허백련, 오지호, 김현승 같은 이름이 남긴 추억담은 항구적 수난과 시련에 노출된 변방의 주민들에게 뜨거운 내적 연대감을 제공하는 연료가 되어왔다. 그뿐 아니라 그로 인한 감동의 기억들이 오랜 세월에 걸쳐 같은 장소에서 반복되어 쌓이면서 여러 세대에게 동질성을 부여하는 신비한 현상을 우리는 대지의 염력이라고 불러도 될 것이다. 그런데 여기서 특히 중요한 점은 바로 그 바탕, 즉 '광주놈!'들의 무대를 설계한 귀신의 몸통이 곧 무등산이라는 사실이다.

광주에서 사는 동안 내 귀는 무등산에 관한 이야기를, 자발적 의지가 없을 때조차도 귀에 딱지가 앉을 만큼 흔하게 들었다. 차등이 없는 산, 아예 평등의 개념조차도 삼켜버린 버린 산. 이런 거룩한 이름을 얻은 무등산은 지세가 웅대하고 산정이 1천 미터가 넘는 거대한 생명체이다. 저 낮은 땅에서 장엄하게 솟아오른 산꼭대기는 아련한 기암괴석의 절경을 보이지만, 동시에 본체가 완만한 흙산이라 어머니의 품처럼 포근한 느낌을 준다. 고대의 산수화를 남긴 대가들은 높은 산이면서 혈맥인 물줄기가 아래에 있고, 그 모양이 마치 어깨와 다리를 벌리고 있는 듯하며, 산밑 언저리는 두터우나 정상은 늠름하고, 작은 산봉우리들과 언덕이 서로 감싸서

광주, 꽃도 새도 없는 천변들

안는 듯이 이어지는 경우를 외롭지 않고, 잡스럽지도 않은 산이라고 말한다. 무등산은 홀로 도도하면서도 체간이 잡스럽지 않은 산이다. 게다가 광주는 그 넉넉한 가슴 아랫녘에 형성된 터라 산정과 도심의 거리가 유난히 짧다. 그러니까 낮은 분지에 천 미터가 넘는 '고원' 하나가 동네 뒷산처럼 드리운 셈이니 주민들은 산의 정기를 받느니 마느니 할 필요도 없이 거의 무의식적으로 대지와 동반자 관계를 맺게 된다. 그리고 그것을 더욱 강화하는 끈이 있는데, 그게 광주천이다.

그래, 무등산의 목소리는 광주천을 통해서 세상에 전파된다. 왜냐? 본디 광주라는 고을은 무등산 샘골에서 발원하여 여러 갈래로 흩어져 흐르는 물굽이를 따라 마을들을 형성했다. 어떤 곳은 이십 미터에서 삼십 미터, 또 어떤 곳은 이백 미터에서 삼백 미터에 이르는 폭을 가진 물줄기가 동네와 동네 사이에 핏줄처럼 연결돼 있었다. 그래서 곳곳에 나루터, 빨래터, 물놀이를 하는 모래무지 따위가 생겼는데, 일제 강점기에 '직강' 공사를 하면서 줄기를 한 가닥으로 모으는 통에 곁가지가 모조리 잘려버렸다. 그리하여 도시의 건물 속으로 종적을 감춘 왕년의 물길들은 정처를 잃은 뱀처럼 저 홀로 기어다니다가 마침내 광주천 바깥에서 고사당하는 운명이 되었다. 이게 광주에 하천의 유령이 많은 이유이다.

그런데 이상하게도 삼십여 개에 이르는 광주천 다리 옆에는 꼭 함평이나 불갑산 언저리의 촌놈들이 득시글거리고는 했다. 가령, 증심사에서 물소리를 타고 내려와 소위 운림교·홍림교·증심천교·원지교, 그리고 시내로 들어선 뒤에도 방림교·학강교·양림교·금교·서석교·부동교·중앙대교·광주교·천교·태평교·양유교·양동교·발산교·광천교·광운교·광암교·동림교·유촌교·무진교·상무교·극락교까지 이어지는 교량마다 빠짐없이 누군가의 얼굴이 연결되는 이유는 좋거나 나쁜 기억들 때문이다. 그래서 나는 그것들을 나의 허전한 내면에 담아두지 않을 수 없었다. 굳이 노래를 들려줄 형이 없는 광주천에서 「저 별과 달을」을 노래하며 떠올리기도 하고, 문학 이야기를 주고받을 선배들이 떠난 골목길에서 김현승의 「눈물」이나 김준태의 「감꽃」을 읊으며 그리워하기도 하면서, 너무 이른 나이에 떠돌이가 된 고향 친구들도 만나고, 또 교정을 등진 문제 학생들과 담뱃불을 나누기도 했다. 그것이 5·18 이전에 간직된 나의 광주였다.

목가적인 연결이 사라진 세계에서

제기랄, 하나 마나 한 얘기지만, 그러나 모든 아름다운 시절에는 반드시 끝이 있는 법이다. 지금 와서 그 옛날을 뒤돌아보면 '끝' 자가 놓여야 하는 지점이 한사코 아련하다. 나는 너무나 일찍 대학 진학의 꿈을 접고 살았다. 입시가 필요 없는 인문계 학생에게는 고3의 시간이 펑펑 남아도는 물바다였으므로 나는 수시로 공업학교나 상업학교의 야간 학생들과 어울려야 했다. 문학에 대한 열정도 식어가고, 미래를 꿈꿀 전망도 없다 보니 얼마 안 남은 학창 시절이 너무나 지겨웠다. 하루는 고향에서 함께 올라와 야간 상고를 다니는지 마는지 알 수 없던 친구를 만났는데, 그와 함께 노동판이나 시장판을 떠돌던 깨복쟁이 친구들을 찾아갔다가 깜짝 놀랐다. 세상의 쓴맛을 미리 알아버린 녀석들, 그저 철새처럼 모여서 부산으로, 서울로 이동해 다니며 노동자 신세로 전락한 녀석들은 자유롭지만 하나같이 어둡고 침울했다. 더는 보호자를 필요로 하지도 않고, 누군가의 기대에 어긋나지 않으려는 조바심도 없는지라 각자 알아서 연이 닿는 대로 일자리를 잡았다가 마음에 안 들면 도망치듯 빠져나오고, 또 배가 고프면 다시 연이 닿는 자리를 찾아다니며 취업하기를 반복하는 인생살이가 있다는 것을 처음 알았다. 돈벌이도 형편없지만, 그만큼 일자리를 얻기도 쉽고 버리기도 쉬운 이들이 모두 근로기준법에 저촉되는 미성년자라는 사실을 그때는 조금도 이상하게 생각하지 않았다. 그래서 나는 틈만 나면 그들의 술좌석에 묻어 다니며 현대판 구전 가요를 부르고 어깨동무를 했다.

> 날 때부터 고아는 아니었다
> 내 죄 아닌 내 죄에 얽매여
> 낙엽 따라 떨어진 이 한목숨
> 가시밭길 헤치며 살았다

부모가 없어야만 고아가 되는 것은 아니다. 자신을 지켜주는 국가, 체제, 제도를 갖지 못한 아이들의 고립감과 외로움은 더욱 비장한 정서를 갖게 만든다. 나도 그들 속에서 신파를 익히고 '고아' 의식을 기르며 어느 순간 돈벌이를 하러 떠나야겠다는 생각을 하기에 이르렀다.

약자가 존엄을 잃지 않는 수단은 절제력밖에 없다. 어릴 때부터 나는 누구의 눈치를 살펴야 하는 상황을 좀처럼 받아들이려 하지 않았다. 아무리 배가 고파도 음식이 부족해서 밥그릇 다툼을 할 형편이면 잠시도 지체하지 않고 숟가락을 놓았고, 그래도 미련이 남으면 얼른 일어서서 자리를 떠버렸다. 그런 내게도 밥벌이를 할 수 있는 길이 두 갈래가 있었다. 이런 이야기까지 하는 게 너무 청승맞지만, 하나는 여러 지역의 공단을 거점으로 취업과 실업을 반복하는 공돌이들을 따라가는 길이요, 다른 하나는 도회지의 유흥가를 돌며 주방이나 웨이터를 하는 장터 친구들을 찾아가는 길이었다. 어느 쪽이나 반겨주기는 할 것이다. 그러나 내게는 졸업장을 받지는 못하더라도 '광고 문학의 밤'과 교지 편집만은 반드시 완수해야 한다는 사명감이 있었던지라 시간을 내기 쉬운 후자를 택했다. 급히 고향에 가서 어머니에게 인사를 드리고, 그 길로 송정리로 달려가 기차를 탔다. 그 후 일 년여의 나날을 털어놓을 지면은 이 자리가 아니다.

다만 그보다 몇 달이 지난 뒤에 나는 인천의 어느 레스토랑에서 일하고 있었다. 그때 웬일인지 문학에 대한 꿈이 도져서 밤마다 몸서리가 나는 상황인데, 내가 일하는 업소의 바깥 사장이 나의 내성적인 모습이 마음에 들었던지 자신이 상무로 일하는 호텔 쪽으로 데려갈 뜻을 밝혔다. 직감적으로 중대한 기로라는 생각이 들었다. 나는 그곳에 묶이면 문학과 영영 멀어질 것 같아서 고민하고 고민한 끝에 간곡한 편지를 남기고 기차를 탔다. 정처 없이 다시 광주로 돌아온 것이다. 때마침 눈앞에 입시의 계절이 와 있었으므로 나도 재수생들 틈에 끼어 대학에 응시했다. 최대한 점수가 낮은 대학을 고르되 그곳에서도 특히 인기 없는 학과를 찍어서 원서를 넣고 시험을 봤는데, 전기 후기를 통틀어도 비비고 들어갈 틈새가 없었다. 대학입시는 독서 능력으로는 대체되지 않는 곳이다. 그래서 잔뜩 풀이 죽어 있다가 어느 날 눈이 번쩍 뜨이는 광고를 발견했는데, 광주에 서강전문대학이라는 게 생겨서 야간부 학생을 모집하고 있었다. 모든 대학의 등록 절차가 끝난 뒤였으니 내게는 구세주가 따로 없었다. 경영과, 관광과, 영양과, 가정과가 있는데, 뒤의 두 과는 여학생 차지였으므로 나는 앞의 두 과를 놓고 선택하여 마침내 관광과에 입학하게 되었다. 이게 나의 광천동 시절이 열리는 장면이다.

광주의 가장 외진 자리에서 시작된 그 어처구니없는 대학 시절을, 그리고 그곳을 향한 뜨거운 가슴과 한없는 사랑을 이제 어떻게 고백해야 좋을지 모르겠다. 성적 제한선을 거의 느낄 수가 없이 입학이 허용된 나의 모교 야간부는 국외자들이 많은 만큼 숨은 특기자도 많았다. 왈패도 많고 미인도 많고 은둔자도 많았는데, 그런 젊은 영혼들이 드나들기에 안성맞춤으로 우선 학교가 들어선 장소부터가 명품이었다. 무등경기장에서 개천을 건너 운암동 골짜기로 들어가면 1번 버스 종점이 나온다. 그곳에서 멀리 보이는 산언덕에는 날마다 돌을 깨기에 여념이 없는 채석장이 보이는데, 그 옆 등성이에 서강전문대가 있었다. 거의 산꼭대기인 까닭에 광주를 한눈에 내려다볼 수 있다 하여 나는 매번 무등산에서 떠오른 해가 가장 먼저 비추는 곳이라고 찬양하곤 했다. 내가 학교에 입학할 때 산 아래쪽에 아파트를 짓기 시작했던가? 하여튼 그 때문인지 보행로가 아주 엉망이었다. 다들 "장화가 없으면 못 다니는 학교"라고 놀려대곤 했는데, 학교 버스를 타지 않으면 닿기 어려운 변방인데도 꽤 많은 학생이 학교 버스를 타지 않았다. 시내 한복판에서 그런 삼류대학 버스에 오르는 모습이 민망한 까닭이었다. 그러니 나처럼 그늘진 자리를 좋아하는 사람은 얼마나 마음이 편했겠는가?

    나는 인근을 살피다가 마음에 드는 자취방을 구했다. 학교 아래로는 벌판이 펼쳐지고, 벼농사가 한창인 들판을 건너면 몇 채의 농가가 있었다. 무등경기장 앞을 휘돌아 나온 광주천이 현대식 교량을 통과해 본격적인 농경지를 만나는 위치이다. 당시에 하남 가는 길이 예정되어 있었던지 비포장이지만 4차선 너비의 대로가 설정되어 광천 다리에서 도보로 15분 걸리는 지점에서 종적을 감추는데, 그 곁에 나의 자취방이 있었다. 대문 곁 외양간에 들일을 하는 황소가 누워 있는 집이니 월세가 놀랍도록 싸다는 건 말할 나위가 없었다. 내가 뒹구는 담벼락 저쪽에서 황소가 큰 소리로 한숨을 내뿜으면 나도 몰래 깜짝깜짝 놀라게 되는 환경이지만, 그 방이 갖는 숨은 매력은 바로 곁에 제법 늠름한 강이 흐른다는 점이었다. 그러니까 전남대학교 앞을 흘러온 개천이 무등경기장 옆에서 광주천에 합류한 다음에 광천교 밑을 빠져나가 극락강으로 달린다. 신설된 광천교는 비가 오거나 눈이 내리는 날이면 흡사 러시아 혁명기의 페테르부르그 공단을 연상시키듯이 스산한 분위기를 직조한다. 그곳에서 도보로 십 분을 걸으면 제방 아래 강폭을 가로지르는 징검다리가 놓여 있는데, 그 흔들리는 돌다리를 따라 깡충깡충 건너면 광천동 공단마을이 나왔다.

그때만 해도 광천동은 비포장도로에 흙먼지가 날리는 허름하고 황량한 버스 종점이었다. 그 일대는 광주에서도 특히 열악한 사람들이 모여 사는 외곽 변방인데, 여기에는 일제 강점기부터 방직공장이 있어서 시골에서 올라온 여공들의 자취방이 많았다고 한다. 그리고 일제가 물러간 뒤에는 영세한 판자촌이 즐비하여 막일꾼의 정착촌이 되었다. 이곳이 도회 주소를 갖게 된 것은, 광주천과 극락천의 퇴적물이 쌓여서 이루어진 자연제방 지형에 홍수 방지를 위한 인공제방이 축조되면서였다. 처음에는 제방을 새로 쌓았다고 해서 '새 방천' 또는 '신 방천'이라고 부르다가 광천동이 됐는데, 제방 근처에 전쟁 피난민이나 빈민들의 판자촌이 다닥다닥 붙어 있었다. 여기에 일꾼들이 몰려 살다 보니 일손을 구하기가 쉬워서 어망공장, 제분공장, 물엿공장, 타월섬유공장 등이 들어섰다. 그러다 1965년에 아세아자동차공장이 입주하자 인근 내방동·화정동·농성동 일대에 부품업체와 협력업체들이 들어서면서 광주 최초의 공업단지가 조성되기에 이른다. 그곳에 광주시가 판자촌 정비를 하면서 시민아파트 세 동을 지었다는데, 이게 광천시민아파트이다.

아, 그 유명한 광천시민아파트! 나는 그곳에서 박기순, 윤상원 같은 선구자들이 노동 야학을 열고, 박관현, 신영일 등이 광주공단 노동자 실태

삶은 그렇게 물길 따라 흐르고

광주, 꽃도 새도 없는 천변들

조사를 진행한 사실을 알고 있었다. 왜냐면 개인적인 체험 때문인데, 그러니까 내가 서울에서 웨이터를 할 때 아버지가 찾아왔다. 고향 마을 농협에 일자리가 있으니 어서 내려가자는 것이었다. 꼼짝없이 낙향하여 단위조합 영농계 임시직을 시작했는데, 전남대에 다니는 동창들이 내게 몇 차례 유인물을 주고 갔다. 함평고구마사건투쟁이 시작된 것이다. 나는 두 달을 못 채우고 다시 인천의 한 유흥업소로 올라가버렸다. 그 사이에 광천동에서는 들불야학이 한창 뜨거운 시간을 맞고 있었다. 한 지역에서 열성적이고 민족의식이 투철한 지도자가 나오면 반드시 그 지역은 저항운동의 중심지가 되기 마련이다. 지도자가 타계한 후에도 과거의 무용담이 전승되면서 그러한 전통이 끈기 있게 확대되는 까닭이다. 내가 그곳에 살 때는 장차 5·18을 이끌어갈 저항의 명사들이 활동하고 있었는데, 그에 관한 내막까지는 나도 모르고 있었다.

물론, 그 앞을 셀 수 없이 지나다닌 건 사실이다. 광주공단은 아시아자동차공장이 중심에 있고, 주변에 하청 공장과 기계 제작 공장, 섬유류 등의 영세한 공장이 오밀조밀하게 밀집돼 있었다. 그 곁에 가난한 사람들이 모여 사는 주택가가 형성돼 있는데, 주택가 곁으로 검게 오염된 광주천이 흘렀다. 밤에 어둠 속에서 흐르는 광주천은 오물에 반사되는 불빛이 유난히 반짝였다. 또 하천이란 말이 딱 어울리는 야트막한 물줄기 곁으로 얼기설기 누더기를 기워 놓은 듯한 채소밭 고랑이 나 있는데, 그건 인근 주민들이 푸성귀를 가꾸어 반찬거리를 해 먹는 곳이었다. 그 가까이에 자리한 광천동 시민아파트는 주택가 중앙에 세 동이 ㄷ자 모양으로 자리를 잡아서 행인들은 입구를 찾지 못하고 지나칠 정도였다. 바로 이 일대에서 활동한 이들이 훗날 광주를 상징하는 영혼이 된다는 걸 나는 나중에야 알았다.

종적을 감춘 뒤

　쓸데없이 너무 많은 이야기를 했으므로 이제 짧게 줄이자. 내가 광주를 떠나게 된 건 스물두 살 때였다. 그 발단이 되는 장소를 나는 계림동 헌책방 거리에 둘 수밖에 없다. 그러니까 인간에게 스물한 살, 스물두 살 같은 나이가 있다는 건 얼마나 큰, 생의 축복이자 형벌인지 모른다. 나는 그 나이에 온 영혼이 탈탈 털려서 전혀 다른 사람으로 변형되고 말았다. 지금 생각해도 아찔한 기억이다. 그날, 그러니까 1980년 5월 18일 정오 무렵이었다. 나는 아침밥도 건너뛴 상태로 헌책방 거리를 돌고 있었다. 하필 이틀 전에 산 시뻘건 문예지 『실천문학』을 손에 들고, 늦잠을 자느라 뉴스를 안 들어서 세상이 어떻게 돌아가는지 모르는 상태로 나들이를 나온 참이었다. 5월 16일 도청 앞 집회에서 자극을 받은 터라 모처럼 무거운 책을 하나 골랐는데 그날따라 햇살이 너무나 선연했다. 어두운 책방을 막 빠져나오는 순간에 시위대를 맞닥뜨렸던가? 공기는 삼엄하고 거리는 전쟁터로 돌변하여 군인들은 쫓고 학생들은 쫓기는 상황이 펼쳐지고 있었다. 그래도 나는 평화주의자니까 괜찮아, 군사독재는 싫으나 그렇다고 내가 폭력시위를 할 만큼 극렬분자는 아니니까. 이렇게 어처구니없는 자기 핑계를 대면서 태연한 척 걷고 있는데, 갑자기 앞서 걷던 할아버지가 곤봉에 맞아 푹 쓰러지는 것이었다. 나는 본능적으로 뒤돌아 뛰면서 전파상에서 흘러나오는 노고지리의 「찻잔」을 들었다.
　그리고 목하 전개된 장면을 누가 믿을까? 내가 돌멩이 하나 던지지 않고 무서운 폭도의 일부로 둔갑하고 마는 반전은 너무나 짧은 순간에 이루어진 일이다. 5·18의 비극은 모든 일이 하나의 의도된 기획처럼 짧았다는 데 그 심각성이 있는지 모른다. 그것은 너무도 짧은 기간의 학살과 무차

별 체포로 다가왔다가 지극히 짧은 해방을 경험시키고, 이내 참혹한 진압과 사살을 남긴 채 맹수처럼 자취를 감춰버렸다. 그 아득한 역사의 뒤안길을 헤매다가 마침내 내가 자취방으로 돌아온 것은 5월 30일이었는데, 그때 내 겨드랑이에 끼어 있던 『러시아혁명사』(김학준 지음)는 속표지 앞장에 이런 문구를 새겨놓고 있었다.

"참다운 지식인은 정치 밖에 서 있을 수 없다."

5·18은 시민들이 염려했던 결말을 따라 암담한 파국으로 치달아버렸다. 박관현은 생사를 알 수 없고, 윤상원과 박용준은 전사했으며, 들불야학의 형제들, 극단 광대의 사람들, 그리고 학생운동과 사회운동 활동가들은 줄줄이 연행되었다. 대학은 무기한 휴교령이 떨어지고, 길에서 우연히 친구들을 만날 때마다 혹시라도 누가 잡혀갔다는 소식을 들을까 마음을 졸여야 했다. 폭압과 살상이 휩쓸고 간 거리, 무수한 인명과 재산이 폭력으로 날아가버린 폐허의 도시에서 나는 날마다 우울하고 슬펐다. 세상이 어쩌면 그리도 참혹한지 몰랐다. 그 지옥 같은 시간이 흐르는 동안 자주 시내를 빠져나가 천천히 극락강을 걷는 일로 견디곤 했다. 강가에 쪼그려 앉아 해가 지는 것을 보고 나면 땅거미가 내린 물결 위로 불빛이 떠서 가물거리고 하늘에서는 별빛이 흔들렸다. 그리고 나는 세상의 모든 것이 슬프고, 세상의 모든 것이 공허하고, 또 세상의 모든 것이 답답해서 견딜 수가 없었다. 끝으로, 그 이후의 날들은 모두 흑백사진처럼 어둡고 흐릿하기만 하다. 마침내 내 청춘의 무덤이 되고 만 계림동 헌책방 거리는 지금도 그저 흐릿한 기억 속에만 남아 있을 뿐이다.

천변 연대기

벌써 20년을 넘어가는 재개발 이야기가 언제 현실화될지는 잘 모르겠으나, 이 골목길과 정원이 영원한 추억 속으로 사라질 시간이 얼마 남지 않았음은 분명하다. 나의 시간이, 우리 오남매의 시간이, 그리고 우리 가족 모두의 시간이 칼로 도려낸 듯 양동이란 공간에서 도려내져 버릴 것 같아서이다. 오늘도 광주 도처에서 무수한 가족들의 서사가 같은 처지로 잘려나가고 있을 것이다.

천변 연대기

정경운

불로동 천변, 멱 감는 아이들

"저것이 사람 새끼가 될라는 것이여, 말라는 것이여!"

"냅둬브리! 영 쓰잘떼기 없으믄 공장에나 보내불제. 뭣이 걱정이여!"

결국 사달이 나고 말았다. 어머니는 아직도 분이 안 풀렸는지 이미 반 토막이 난 회초리를 들고 부들부들 떨었고, 아버지는 매타작이 시작되기 전부터 줄담배를 태우고 계셨다. 기다란 직사각형 방 중간에서 시작된 매타작은 방 한 바퀴를 돌아 내 작은 몸을 장롱과 벽 사이에 처박고서야 끝이 났다. 나는 온몸에서 빠져나온 물(눈물에, 콧물에, 땀에, 오줌도 잠깐 지렸다)과 뒤엉켜 찍소리도 못한 채, 한참을 그렇게 있었던 것 같다. 아까부터 건넌방 문틈 사이로 이 장면을 공포스레 쳐다보고 있던 동생들과 눈이 마주쳤다. 나는 동생들에게 못 볼 꼴 보였다는 쪽팔림을 뒤로한 채, 경고의 눈빛을 날렸다. '오늘의 일을 동네 애들에게 발설했다간, 니들은 뒤

질 줄 알아라!'

 1972년, 나는 중앙국민학교 1학년이었다. 입학한 뒤, 각자의 반을 배정받아 본격적인 수업이 시작되었다. 얼마나 학생들이 많았던지, 오전반과 오후반으로 나눠 등교해야만 했다. 학생 수에 비해 교실이 턱없이 부족했던 것이다. 출생률을 걱정해야 하는 지금이야 상상할 수도 없는 일이지만, 그때만 해도 대도시 지역에서는 오전반, 오후반으로 구분하는 2부제 수업이 일상적인 일이었다. 그런데 이것이 화근이 될 줄이야! 사실 부모님에게는 화근이었고, 내게는 절호의 기회였지만 말이다.

 내가 살던 곳은 불로동. 우리 집은 황금동 콜박스와 광주천 부동교 사이 중간 즈음에 있었다. 아이들 종종걸음으로도 5분이 채 안 되는 거리에 광주천이 있었기에, 학교가 파하면 자연스레 아이들은 광주천으로 몰려들었다. 지금이야 도로를 넓히면서 광주천이 좁아졌지만, 당시만 해도 광주천변은 상당히 너른 풀밭으로 이루어져 동네 애들을 한껏 품어주었다. 날이 풀리면 아이들은 어김없이 물속으로 뛰어들어 멱을 감곤 했다. 그해에도 초여름이 다가오면서 광주천 물속은 아이들로 하루 종일 시끄러웠다. 오전에는 오후반 아이들이 학교에 가기 전에 놀다 갔고, 오후에는 오전반 아이들이 바톤을 이어받아 광주천에 몸을 담갔다.

 그때 난 도대체 무슨 생각이었는지, 지금도 이해할 수 없는 엄청난 일을 감행했다. 근 일주일 동안 학교도 가지 않고, 광주천에서 아이들과 온종일 놀아댄 것이다. 오전반과 오후반이 주기적으로 순서를 바꾸는데, 그 당시 나는 오전반임에도 불구하고 오후반이라 둘러치고 아침부터 광주천으로 출근해 해 질 녘에야 집으로 퇴근하는 일을 반복했다. 물론 점심때는 집에 돌아와 야무지게 밥을 잡수시고, 학교에 다녀온다며 가방을 메고 광주천으로 튀었다.

하지만 나의 일탈은 그 주 토요일에 끝나고 말았다. 집 전화도 없던 시절이라, 학생이 결석을 해도 부모에게 연락을 할 수가 없어, 결국 주말이 되어서야 담임선생님이 집으로 찾아왔던 것이다. 사건의 전말이 밝혀지고 담임이 돌아가자마자 나는 '비 오는 날 먼지 나듯 맞는다'는 말이 무슨 뜻인지를 몸소 체험하고 말았다. 그날 밤, 곤죽이 된 나는 저녁밥도 못 먹은 채 잠자리에 들었는데, 등 뒤로 아버지의 깊은 한숨이 한없이 늘어졌다. 물론 그 한숨에도 사연은 있었다. 내 생일이 양력으로 4월생이라 일곱 살엔 학교에 들어갈 수 없음에도 불구하고, 학부형 소리를 앞당겨 듣고 싶었던 아버지는 동사무소 직원에게 담배 두 보루를 바쳐가며 입학허가 받기를 부탁했다고 한다. 요즘과는 달리 그 당시엔 그런 야로가 통했던 모양이다. 하지만 허가서가 나오기를 기다리고 있던 아버지에게 청천벽력 같은 소식이 전해진다. 담배를 받았던 직원이 다른 곳으로 전출해버린 것이다. 결국 아버지는 새로 온 직원에게 담배 두 보루를 다시 바쳐야만 했다. 없는 살림에 담배 네 보루를 바쳐가며 힘들게 학교에 보내놨던 큰딸이 이런 대형 사고를 쳤으니, 그 밤의 한숨이 왜 그리 깊어야 했는지 이제야 이해가 간다.

그럼에도 그 후로 나는 고분고분해졌던가? 아니었던 것 같다. 솔직히 말하자면, 그 일은 지금의 내 맷집을 키워낸 과정의 시작에 불과했다. 우리 동네는 유독 남자아이들이 많았던 터라 내 친구들 또한 모두 남자애들이었고, 나는 그 안에서 선머슴처럼 자랐다. 우리들의 놀이는 유격훈련에 버금가는 것이었다. 동네 폐공장 담벼락을 기어올라가 뛰어내리기(더 높은 곳으로 올라가 뛰어내릴수록 아이들에게 더 추앙받았다!), 남의 집 초인종 누르고 힘껏 도망가기, 미니스커트 입고 길을 지나가는 아가씨들 허벅지에 딱총 쏘고 역시 도망가기, 여자아이들 고무줄 놀이에 끼어들어 고무줄 끊고 또 도망가기 등등.

물론 맨날 뛰어내리고 도망치는 이 일에는 반드시 대가가 따랐다. 그리고 그 대가는 내가 아니라 늘 어머니가 대신 치러야 했다. 공놀이하다 남의 집 유리창 깨서 붙잡혀 있는 나를 유리창 값을 들고 와 꺼내준 분도, 리어카로 남의 집 1년 먹을 간장독으로 돌진해버린 사고를 수습해준 분도, 오징어나 겡까(당시엔 사방놀이를 그렇게 불렀다)를 하다 땅바닥에 코를 박아 코피가 나면 집 앞 박외과로 나를 안고 달려가신 분도 어머니였다.

동네 사람들은 나를 '사고뭉치'라고 불렀지만, 그때 나는 나름 호쾌한 이상과 꿈이 있었다. '내 동네는 내가 평정한다'는 어처구니없는 꿈 말이다. 그렇지만, 그 호쾌 장쾌한 꿈을 이루지 못한 채 나는 불로동을 떠나야 했다.

겨울 같은 봄

1975년 4월 초순. 내 학적부는 중앙국민학교에서 양동국민학교로 옮겨졌다. 지긋지긋한 가난에 신물이 난 어머니는 그 가난을 털어 보고자 양동으로 이사한 것이었다. 그렇다고 해서 가난이 쉬이 털어질 것은 아니었는데도 말이다.

전쟁 세대의 부모들이 대부분 그러했듯, 국민학교 3학년을 끝으로 학업을 일찌감치 접어버린 아버지는, 가족의 생계를 위해 건축현장 '시다바리'부터 시작해 목수로 성장했다. 청년 목수는 방직공장 여공과 결혼해 가정을 일궜지만, 애초부터 살림살이는 영 시원치 않았다. 가난과 가난이 만났으니, 복리 이자 붙듯 더 가난해졌을 뿐이었다. 게다가 자식을 줄줄이 낳았으니 가난은 갈수록 심연처럼 깊어졌다. 내가 국민학교 1학년이 끝날 무렵, 아버지는 그나마 간간이 나가던 목수 일도 끝내야만 했다. 젊은 나이에 지병까지 얻어 몸을 일으키지 못할 정도가 되었던 것이다. 결국 모든 살림의 책임은 어머니에게 떨어졌다. 이듬해에 어머니는 전남여고 후문에 포장마차를 내걸고, 호떡과 덴뿌라를 팔기 시작했다. 덩달아 나도 바빠졌다. 학교도 다녀야 하고, 뛰어내리고 도망치는 사고도 한 번씩 쳐줘야 하고, 어머니 일도 도와줘야 했기 때문이었다. 학교에서 돌아오면 밀가루 반죽 젓기부터, 삶은 오징어 다리 자르기, 도넛츠 모양 만들기 등등. 잔심부름은 모두 내 몫이었다. 저녁나절 포장마차의 불과 물이 떨어질 즈음이 되면, 불로동에서 전남여고 후문까지 물 한 동이, 연탄 한 장씩을 매일 가져다 나르는 것도 내 일이었다. 그 거리를 왕복 두 번을 하고 나면, 몸은 맥없이 무너져 내리곤 했다. 조그만 몸으로 '쓰리 잡'을 뛰었으니, 말썽은 피웠어도 나도 어머니께 할 말은 있는 셈이었다.

다섯째 막내를 출산하면서 포장마차마저 접어야 했던 어머니는, 몸을 추스를 정도가 되자 양동으로 가야겠다는 선언을 하곤, 곧바로 실행에 옮겼다. 아무래도 시장이라면 먹고 살 방도가 있지 않겠냐는 요량이었던 것 같다. 4학년에 막 올라가 새 친구들과 사귈 겨를도 없이 난 이삿짐 보따리를 싸야만 했다. 불로동에서 미처 이루지 못한 평정의 꿈을 양동에서라도 끝내기 위해 나 또한 어머니만큼이나 마음이 결연해졌다. '촌뜨기 같은 양동의 아이들을 내 거친 손길로 다듬어주마. 기다려라, 양동! 흐흐.'

4월 초순, 동생과 함께 어머니의 손을 붙잡고 들어선 양동국민학교는 을씨년스러웠던 풍경으로 남아 있다. 햇빛은 운동장에 꽉 차 있었으나, 오그라진 내 마음이 그렇게 느꼈다. 이사 오기 전 의기충천했던 결기는 어디론가 내빼버리고 멀건 몸뚱이만 낯선 세계에 던져진 것 같았다. 그리고 무엇보다 추웠다. 며칠 전까지 살았던 불로동은 분명 봄이었는데, 이곳은 여전히 겨울 끝자락을 잡고 있었다. 겨울이 아직 끝나지 않았다는 것을 증명이라도 하듯, 빨간 엑스란 내복이 아이들의 소매 끝에 매달려 있었다. 그 소매 끝은 콧물을 연신 문질러대 반질반질하게 빛나고 있었으며, 진하게 농축된 노란 콧물을 코에 매달고 다니는 아이들도 몇몇 눈에 띄었다.

양동을 평정하기는커녕, 난 일주일도 채 되지 않아 양동에 점령당해 버렸다. 그 짧은 기간 동안 내 머리에 이가 기어다니고 머리카락에 서캐(알)를 까기 시작했던 것이다. 나와 동생은 학교에서 옮아온 이를 가족 모두에게 순식간에 전파시켰다. 그후 저녁마다 우리 집에서는 단체로 이 잡기 운동을 실시했다. 어머니는 달력을 뜯어 방바닥에 깔고, 참빗으로 우리들의 머리카락을 빗어 내렸다. 떨어지는 이를 하나씩 눌러 죽일 때, 톡톡 터지는 쾌감은 지금 생각해도 짜릿하다. 참빗질로도 떨어지지 않는 서캐는, 오남매가 돌아가며 어머니 다리품에 머리통을 맡기고 하나씩 집어내곤 했다.

양동시장 긴 역사의 짧은 이야기

양동으로 이사 온 우리 집은 수산시장 냉동창고(지금은 사라지고 없다) 옆 골목길 안쪽에 있었다. 수산시장에서 월산동으로 올라가는 비탈진 언덕에 하꼬방들이 얼기설기 거미줄 같은 골목길을 만들어나가며 들어서 있었는데, 우리 집은 골목길의 초입에 있었다. 골목 초입의 큰길이었

천변 연대기

던 비탈길 좌우로는 방앗간, 과자를 파는 점방, 군수복을 물들이는 염색장 등이 줄을 지어 있었다. 비탈길 아래로는 거대한 시장 공간이 펼쳐졌다. 시장으로 들어가는 초입 왼편에 수산시장 냉동창고 공장이 크게 자리 잡고 있었다. 공장 앞 조그만 광장에서는, 간혹 약장사들이 판을 벌여 우리 또래의 아이에게 약을 먹이곤(그 아이가 약장사들과 한 패거리였는지 아직도 궁금하다), 실뱀만 한 회충이 나왔다며 꼬챙이에 걸어 들고다니며 설레발을 치면, 모두들 돈을 꺼내느라 주머니를 뒤지기 바빴다.

이사 온 뒤 몇 달이 지나서도 나는 시장 안에서 길을 잃곤 했다. 어린 아이에게 양동시장은 커도 너무 큰 공간이었다. 지금도 양동시장의 규모가 국내시장 중에서도 빠지지 않은 정도이지만, 1970년대까지만 해도 한강 이남에서 가장 큰 도매시장이었다. 얼추 이 공간을 파악하는 데까진 2년 가까이 걸렸던 것 같다. 시장 아이들에게 놀이터는 결국엔 시장일 수밖에 없었고, 머리통이 굵어지면서 놀이터의 경계가 넓어지듯 그렇게 시장 공간을 하나씩 점령해나갔다.

양동시장은 1940년대 초에 생겨났지만, 그 기원은 아주 오래전으로 올라간다. 사람이 모여 살다 보면 시장이란 것이 자연스레 생길 수밖에 없는데, 광주에서는 1480년대 후반까지 광주읍성 내에 시장이 있었던 것으로 추정하고 있다. 이후 어느 시기엔가 읍성 북문 밖(현재 충장로파출소 앞)으로 옮겼다가 1880년대 이전에 광주천변 두 곳에 오일장으로 분화되었던 것 같다. 지금의 부동교 아래 백사장에 '작은장(부동방장, 4·9일장)', 옛 한일극장터와 현대극장터 사이에 '큰장(공수방장, 2·7일장)'이 섰었다. 1920년대에 광주천 직강화(사행천이었던 광주천을 현재와 같은 직선으로 만들었던 개발사업)와 함께 천변 백사장이 없어지면서, 두 오일장이 합쳐져 1931년 광주공원 앞에 '사정시장'이란 이름으로 시장이 개설된다. 하지만 이 시장의 운명은 그리 길게 가진 못한다. 당시 광주공원에 설치된 '광주신사'가 1938년 전남도사로 승격되면서 일제 당국은 신사 주변 경관을 정비한다는 명목 하에 사정시장을 옮길 계획을 세운다. 우여곡절 끝에 사정시장의 점포를 뜯어 현재의 양동시장 자리로 옮겨진 것은 1940년대에 들어와서였다. 당시 시장 자리는 공설운동장으로, 각종 운동경기가 펼쳐지던 장소였다. 그때만 해도 이 운동장은 광주 외곽에 자리하고 있었으니, 시민들이 일상적으로 이용하던 시장을 시내 바깥으로 밀어내 버린 것이나 마찬가지였다. 처음에 양동시장은 당시 이 지역의 이름을 따 '천정(泉町)시장'이란 이름을 갖고 시작되었다가, 해방 후에 행정명이 양동으로 바뀌면서 시장의 이름도 '양동시장'으로 따라가게 된다.

우리 집 옆에 있던 수산시장은 원래 우시장이 크게 섰던 자리였다. 먹고 살기 힘들던 시절, 언젠가부터 사람들이 우시장 안에 좌판을 깔고 생선을 팔기 시작하면서 우시장을 야금야금 먹어나갔다고 한다. 이후 우시장이 다른 곳으로 옮긴 후엔 수산시장으로 완전히 자리잡았다. 굴러온 돌이 박힌 돌을 빼낸 셈이다. 수산시장 냉동창고를 지나 광주천 쪽을 향해 내려오면, 시장길 오른쪽으로 수산시장 어물전이 펼쳐지고, 양동파출소 쪽으로 더 들어가면 야채전이 몰려 있다. 시장길 왼쪽으로 과일이나 쌀, 실과 바늘을 좌판에 놓고 파는 노점들을 지나면 조그만 사거리가 나왔다. 사거리를 기점으로 왼쪽으로는 양동상가, 오른쪽으로는 건어물시장('인정시장')이 자리 잡고 있다.

양동상가 자리는 1940년대 초 사정시장의 점포를 뜯어 옮겨와 '천정시장'으로 시작한 원래 장소이다. 워낙에 외곽이었던 데다가 일제 강점기 후반 전시체제와 맞물려 물자유통이 통제당하면서 시장의 기능을 하고 있지 못하다가, 다시 활력을 갖게 된 것은 한국전쟁이 끝나고 1960년대에 들어서면서부터다. 당시 이곳에는 한복집이 가장 많았는데, 나일론이 처음 나왔을 무렵이라 대부분 나일론 천의 한복을 만드는 가게들이었다. 현재도 양동상가 내에 주단집이 많은 것은 이 때문이다. 이때까지도 일제 강점기에 지어진 목조 건물이었는데, 1970년대 초에 시설현대화 공사를 해 현재와 같은 모습이 되었다. 그러니까 내가 양동에 이사왔을 때는, 아주 신식건물을 마주하고 있었던 셈이다.

양동상가에서 다시 사거리로 나오면 맞은편에 건어물시장이 자리하고 있다. 어린 나에게 이곳의 표지는 사거리 모퉁이에 있는 개고기 가게였다. 이 가게를 처음 발견했던 날의 충격을 나는 지금도 잊지 못한다. 노점 좌판을 시작한 어머니를 만나러 가는 길이었다. 길을 잃을까 노심초사하는 마음으로 두리번거리며 길을 걷는데, 눈앞에 검은 덩어리들이 산처럼 쌓여 있는 것이 아닌가. 처음에는 검은 자루를 포개어 놓은 것이겠거니 했다. 그런데 점점 가까워질수록 기괴한 형상이 눈에 들어왔다. 내장을 빼낸 채 온통 검게 그을린 개들이 좌판에 통째로 겹쳐져 있는 모습. 그 날부터 난 며칠 동안 악몽에 시달려야 했다. 그 검은 개들이 흰 이빨을 드러낸 채 나를 향해 덮치는 꿈이었다. 더욱 놀라운 건 그 개고기 집이 아직도 건재하다는 사실이다! 다만 좌판에 내놓지는 못하고, 찾는 손님에게만 몰래 판다는 소문이 있다.

어떻든 다시 길을 잡아 보자. 건어물시장은 양동상가와 마찬가지로 사정시장이 옮겨온 터였다. 양동상가가 신식건물로 건축되는 동안 건어물시장은 원형을 유지해오다 조금씩 외형을 바꾸어 나갔다. 초기에는 건어물 외에도 꼬막 등 생물을 팔기도 했다고 한다. 이 시장이 가장 빛났던 시기는 1980년대였다. 조그마한 점포 한 칸에 기본 2~3명에 많게는 3~4명까지 사업주가 있을 정도였으며, 당시 건어물시장 내에서만 약

220~230여 명의 사업주가 있었다고 한다. 당시에는 상인, 고객, 원재료 판매자 등이 뒤섞여 길을 제대로 걸어가기가 힘들 정도로 시장 내에 사람이 넘쳤다. 이때 어머니는 복개상가에서 식당을 하고 계셨는데, 이른 새벽부터 밤늦게까지 완도나 진도 같은 섬에서 올라온 사람들이 우리 식당에 진을 치고 있었던 기억이 난다. 건어물 생산자들은 늘 가족을 달고 다녔다. 가장 많이 거래되던 '김'만 하더라도 지금이야 모든 공정이 자동화되어 간편하게 되었지만, 당시에는 생산지에서 말린 김을 김발에 묶어 보자기에 싸서 그대로 시장으로 가져와, 점포에 딸린 방에 모여 밤을 새워가며 열 장씩 모아 결속틀에 넣어 한 속(100장) 상품을 만들어냈다. 이때 생산자의 모든 가족이 따라 상경해 일손을 도왔다. 40년 전에 김 한 속 가격이 35,000원을 호가할 정도로 고가였던 만큼, 생산자나 상인이나 모두 호황을 누리던 시절이었다. 이런 호황은 IMF 때도 체감을 못 느낄 만큼 지속되었다. 하지만 매월동에 건어물 유통단지가 대규모로 들어서게 되면서, 이곳 상인들이 그쪽으로 옮겨가게 되자 현재는 많이 축소된 상황이다.

   건어물시장을 관통해 올라가다 보면, 광주천에 인접해 있는 닭전머리('닭전길시장')가 나온다. 요새 전국적으로 유명세를 타고 있는 양동통닭과 수일통닭이 있는 곳이다. 닭전머리는 내가 시장에서 살았던 때까지만 해도 닭이나 오리·토끼·강아지 같은 작은 동물들을 파는 곳이었으나, 지금은 대부분 없어지고 몇 집만 겨우 남아 명맥을 유지하고 있다. 원래 닭전머리는 우시장에서 장사를 하던 사람들이 이곳으로 옮겨와 만들어진 시장이다. 우시장이 열리는 날 처음엔 닭·오리·개를 팔러오는 상인들이 구석에 자리 잡고 팔기 시작했다고 한다. 그러나 비교적 큰돈이 오가던 우시장의 특성상 시장을 관리하던 사람들이 이들에게 관리비를 받고 청

소도 하고 관리를 해오던 중, 닭·오리·개 등을 파는 노점이 벌어지자 시끄럽기만 하고 관리비도 내지 않는 이들을 내쫓기 시작했다. 이들이 점점 밀려나 현재 금호빌딩 앞 천변으로까지 밀려나게 되는데, 여기까지 도통 고객들이 오지 않는 것이 문제였다. 결국 천변에서 현재 양동통닭과 수일통닭이 시작되는 길 안쪽으로 다시 들어와 노점을 벌인 것이 닭전길 시장의 출발이 되었다.

　닭전머리를 나와 광주천 방향으로 길을 잡으면 천변을 따라 천교에서 광주대교 구간까지 공구상들이 줄을 지어 가게를 열고 있다. 요새는 '산업용품시장'이란 이름으로 불리는데, 이 거리에 상가가 형성되기 시작한 것은 1960년대에 들어서이다. 원래는 천변 가에 불법으로 지어진 하꼬방들이 늘어서 있어 옷을 팔고 있었는데, 여기에 공구 노점상들이 들어서기 시작했다. 이후 광주천 정화사업으로 하꼬방들이 철거되고, 공구상들은 길 건너로 넘어와 가게를 열어 공구상가로 변신을 하게 된다. 이 시기는 박정희 정권의 산업화 시기와 맞물리면서 공구상들이 활성화하기 시작한 시점이기도 하다. 광주 시내를 통틀어 이곳에만 공구상가들이 밀집해 있었기 때문이다. 1970년대에 주로 잘 팔렸던 것은 발통기였다. 이 시대를 상인들은 '구보다 야키다마 시절'이라고 부른다. '구보다'는 일본 엔진회사 이름이고, '야키다마'는 1970년대에 한참 유행했던 똑딱선의 이름이었는데, 배에서는 해상엔진을, 육상에서는 발통기 엔진을 가리키는 말로 기억하고 있다. 또한 당시엔 국내상품이 거의 없었던 데다가 수입 또한 지금처럼 원활하지 않아 1970년대 중반 무렵까지는 주로 중고 군수품들이 시장에서 유통되었다고 한다. 이 때문에 군수품 단속반들이 종종 출동하기도 했단다. 이후 국내상품들이 출시되기 시작하면서 공구상가의 활황기는 1990년대까지 지속되지만, 2000년대에 들어와 역시 매월동에 대규모

공구유통단지가 생겨 상인들이 그곳으로 빠져나가면서 지금은 규모가 줄어든 상태다.

　양동시장에서 가장 마지막으로 형성된 상가는 1973년에 신축된 복개상가이다. 물론 건물 나이로 따지자면 양동시장 내에서 가장 어리지만, 원래 이 자리는 복개되기 이전부터 시장이 있었던 곳이다. 현재 상가 자리 역시 천변 쪽으로 하꼬방들이 100여 채 밀집되어 있었다. 주거와 점포 기능을 동시에 가진 집들로, 주로 고기, 채소, 술집, 신발 등 다양한 물건들을 팔았다. 이후 하꼬방들이 철거되고 덮개 공사를 실시해 그 위에 들어선 건물이 지금의 복개상가이다.

　양동으로 이사 온 후 어머니의 첫 장사는 복개상가와 양동상가 사잇길에서 시작되었다. 현재는 포장도로가 되어 자동차가 다니는 길이지만, 당시에는 비탈진 흙길이었으며 그 길을 따라 노점 좌판들이 줄을 이어 앉아 있었다. 내가 어머니의 좌판을 찾아 나선 첫날, 그날은 여름방학을 막 시작한 때였으며, 햇빛은 사정없이 시장 거리를 향해 쏟아지고 있었다. 그로테스크한 개고기 좌판 풍경에 이미 한 방을 세게 얻어맞은 후라 머리는 어지러웠고 속은 울렁거렸다. 정수리에서 이마로 흘러내리는 땀을 손바닥으로 닦아가며 복개상가 쪽으로 휘청거리는 발걸음을 옮겼다. 노점 좌판들이 늘어선 흙길로 들어서자, 저 멀리 한 여자가 보였다. 지난 몇 달간 햇빛 아래 노출돼 새까매진 얼굴의 깡마른 젊은 여자가 좌판을 앞에 두고 앉아 있다. 여름 오후 볕에 말라가기 시작한 동태 세 마리가 나무판 위에 올라가 있고, 동태 위엔 똥파리들이 몇 마리 들러붙어 있었다. 검게 그을린 개고기 색깔을 닮은 새카만 여자가 나를 보고 웃었다. 어머니였다. 얼떨결에 나도 따라 웃었다.

시장통의 K-장녀

어머니의 장사 시간이 길어지자, 그 불똥은 나에게 튀었다. 어머니 대신 살림을 도맡아야 했던 것이다. 아버지는 여전히 아랫목에 누워 자리를 보전하고 계셨으니, 누군가는 동생들도 돌봐야 하고 끼니도 챙겨야 했다. 외할머니가 며칠에 한 번씩 오셔서 밀린 빨래며 청소, 반찬거리 등을 처리해주고 가시긴 했으나, 나머지 시간은 온통 내 노동으로 채워야 했다. 예기치 못한 K-장녀의 삶은 이렇게 시작되었다. 초등학교 4학년, 겨우 10살 먹은 어린아이에게 떨어진 사명치고는 다소 가혹하긴 했으나, 따지고 보면 딱히 억울할 것도 없었다. 그 동네에 사는 내 또래의 큰딸들이 모두 같은 운명이었으니 말이다.

일단 학교에서 돌아오면 어머니가 아침에 미리 차려놓고 간 점심 밥상을 치우는 것부터 내 일은 시작되었다. 아버지와 동생들이 먹어 치운 밥상은 이미 말라붙어 설거지를 하는 데만 시간이 꽤 걸리곤 했다. 설거지를 마치고 나면, 막둥이의 똥 기저귀를 빨 차례다. 코를 싸잡고 겨우 초벌 빨래를 끝내 대야에 던져놓으면, 어머니가 저녁에 돌아와 삶아 빨게 될 것이었다. 방으로 돌아와 학교 숙제를 건달처럼 휘리릭 끝마치면, 이제 막둥이를 등에 들쳐업고 골목 밖으로 나가 놀 시간을 얻게 된다.

한참을 동네 애들과 놀다 보면, 해가 어슬핏하게 넘어가면서 수산시장에서 사이렌 소리가 들려온다. 오후 6시가 되었다는 신호다. 아마도 냉동 창고의 업무가 끝났다는 것을 알리는 신호였던 것 같다. 하지만 그 사이렌 소리는 내게 저녁밥을 할 시간이 되었다는 것을 알려주는 신호이기도 했다. 당시 우리 집엔 변변한 시계 하나 없었던 터라, 나는 그 사이렌 소리를 듣고 집에 들어가 쌀을 씻어 저녁밥을 안쳤다. 내가 처음 밥을 했던 날, 말 그대로 삼층밥을 했었다. 밑은 타고, 중간은 질었으며, 상층부는 쌀이 살아서 돌아다녔다. 하지만 풍월 읊는 서당개처럼, 나 또한 시간이 지나면서 고도의 기술을 익혀나갔다.

어설프게나마 살림이 손에 붙자, 동네 아이들의 행태가 눈에 들어오기 시작했다. 때는 여름날 오후였다. 어느 날, 동네 아이들이 한 손에 바가지를 들고 우르르 어딘가를 향해 달려나가는 것이 아닌가! 나도 막둥이를 등에 매달고 같이 달리기 시작했다. 목표 지점은 수산시장 냉동창고 마당이었다. 이미 어디선가 모여든 열댓 명의 아이들이 모두 마당 한중간에 줄지어 서 있는 리어카들 주변을 서성이고 있었다. 때마침 2층 냉동고에서 무수한 조각 얼음들이 파이프라인을 통해 리어카에 폭포처럼 쏟아졌다. 얼음을 담은 리어카들은 옆으로 빠져나와 생선들이 담겨 있는 상자에 삽으로 얼음을 채워나갔다. 그 작업을 몇 차례 반복하다 작업이 끝나고, 인부 아저씨들은 리어카들을 한쪽으로 밀어놓았다. 아이들의 목표는 바로 작업을 막 끝낸 그 리어카들이다. 리어카는 얼음을 많이 담을 수 있도록 판자로 사면을 둘러싸고 있었는데, 그 판자 밑 구석에 삽으로 떠내지 못한 얼음조각들이 박혀 있었다. 한 리어카당 아이들 대여섯 명이 붙어 허리를 판자 위쪽에 걸쳐 한껏 굽힌 후 얼음 조각들을 하나씩 주워 바가지에 던져넣기 시작했다. 키가 크거나 몸이 잰 아이들은 순식간에 바가지를 얼음들로 채워나갔다.

그 장면을 지켜보면서 나는 온몸에 전율이 느껴졌다. 이런 횡재가 있나! 하늘에서 돈벼락이 떨어져도 이 정도로 떨렸을까. 엄청난 흥분과 함께 집에 돌아온 나는, 바로 다음 날부터 한 손에 바가지를 장착하고 아이들을 따라다니기 시작했다. 허리를 제대로 굽히기 위해 막둥이는 아버지에게 맡겨두고서 말이다. 동네 아이들은 얼음이 나오는 시간을 귀신같이 알았고, 얼음이 쏟아지는 리어카에 절대 손을 대서는 안 된다는 것, 그런 섣부른 욕심 때문에 외려 쫓겨날 수도 있다는 것, 모든 작업이 끝날 때까지 조용히 기다리면 간혹 얼음을 많이 남겨주기도 한다는 사실을 경험으로 알고 있었다. 서로 합의한 적은 없지만 인부 아저씨들과 아이들 간의 암묵적 룰이 만들어지고 있었다. 나도 마음속으로 맹세했다. '욕심부리지 말자!'

우리들이 얼음 조각에 이렇듯 환장할 수밖에 없었던 이유가 있었다. 우리 동네 대부분은 냉장고는 고사하고 그 흔한 아이스박스조차도 없는 살림들이어서, 아이들이 얻어 온 얼음들은 식구들이 더운 여름날을 나기에 아주 훌륭한 재료였다. 얼음은 주로 수박이나 미숫가루를 먹을 때 요긴했다. 붉은색보다 흰색이 더 많은 노지 수박들은 설탕과 얼음으로 조치를 취하지 않고서는 도저히 먹을 수가 없는 상태였으며, 미숫가루를 수돗물에 타 그냥 먹기에는 너무 맹맹했다. 여름날 한정된 축제처럼 우리는 그 얼음을 마음껏 즐겼다. 나도 얼음수박을 만들어 동생들 간식을 먹이고, 시원한 미숫가루 물은 주전자에 담아 어머니에게 매일 배달하곤 했다. 수박 그릇에 달라붙어 어기차게 먹어대는 동생들, 미숫가루 물을 꿀떡꿀떡 넘기던 어머니의 모습을 지켜보면서 마음이 뿌듯해지기까지 했다. 얼떨결에 큰딸의 무게감을 받아 안아버린 양동시장의 내 첫 여름이 지나가고 있었다.

그런데 아뿔싸! K-장녀의 역할은 단지 살림살이로만 끝나는 것이 아니었다. 밥하기, 빨래하기, 연탄불 살려내기, 변소 청소하기 외에도 아주 중요한 업무가 주어졌다. 동생들을 돌보고 보호해야 하는 일이다. 집에 계셨던 아버지가 동생들 숙제를 도와주거나 같이 놀아주는 등 주로 대내 업무를 보셨다면, 나는 방문 밖에서 일어나는 모든 일을 담당해야 했다. 다시 말해, 집 마당이나 집 밖에서 동생들과 관련된 사건 사고를 처리하는 대외업무가 내 소관이었다. 동생들이 동네 애들한테 맞고 들어오면 그 집으로 쫓아가 따지는 것도 내 일이었고, 딱지나 구슬을 잃고 오면 상대 아이와 맞짱을 떠서라도 되찾아 오는 것도 내 일이었다. 물론 동생들이 심각하게 잘못한 일은 내가 대신 동네 어른들께 야단을 맞아야 했다. 예전 어머니가 나를 위해 처리했던 업무가 어느새 내 일이 되어 있었다. 내 업보가 이런 방식으로 돌아올 줄은 미처 몰랐다.

 어느 하루는 집 마당에서 막둥이가 자지러지는 소리가 났다. 방문을 벌컥 열고 보니, 아랫방에 사는 아이가 우리 막둥이를 막대기로 쑤셔대고 있는 것이 아닌가! 전말은 이러했다. 우리 집엔 세 가구가 세를 들어 같이 살고 있었는데, 아이들이 다 고만고만 비슷해서 늘 마당이 시끄러웠다. 평소에는 같이 잘 놀다가도 조금만 수가 틀어지면, 그 코딱지만 한 마당을 세 구역으로 선을 그어 서로 넘어오지 못하게 했다. 그날도 여지없이 마당에 선이 그어졌던 상황이었고, 모두 숨죽이며 긴장을 타고 있는 그때, 하필 우리 막둥이가 벌벌 기어 그 선을 넘고 말았던 것이다. 물론 룰을 어긴 것은 막둥이이긴 했으나, 막둥이의 울음소리와 함께 아랫방 아이가 쥐고 있던 막대기를 보는 순간 내 눈은 이미 돌아버렸다. 나는 괴성을 지르며 부엌으로 달려갔고, 어느새 내 손에는 연탄집게가 들려 있었다. 그때 심정으로는 '내가 이놈을 오늘은 아작을 내버리고 말리라'였던 것 같다. 연탄집게로 내가 칼춤을 추기 시작하자, 식겁해진 아랫방 아이들은 결국 잘못했다며 무릎을 꿇었다. 그 일 이후로, 마당에 선이 그어지는 일은 더 이상 일어나지 않았다. 그리고 난 한동안 동네 아이들 사이에 미친년으로 소문이 돌았다는 사실을 나중에야 알게 되었다.

별일 없이 크는 아이들

그럼에도 불구하고 나는 아직 어린애였다. 비록 불로동 시절에 거칠었던 것과는 차원이 다른, 생존을 위한 전투력으로 온몸을 다져나가는 시기였을지언정, 여전히 나는 놀기를 좋아하는 어린아이의 나이였다. 그리고 동네 주변엔 놀 것들과 놀 장소들이 천지로 깔려 있었다.

시장통이라는 것이 늘 사람들로 붐비는 곳인지라 그 사람들 속을 헤집고 다니면서 "나 잡아봐라~"며 술래잡기도 하고, 동네에서 놀기 지겨우면 비탈길을 올라 월산동 덕림산(현재 MBC방송국 자리)까지 진출하기도 했다. 그조차도 지칠 때쯤이면, 아이들은 우리 집 골목 앞에 마주하고 있던 '정신병동'의 환자들을 호출했다. 실제로 병원이 있었던 것이 아니라, '체 내립니다'란 표지판을 내걸어놓고 침도 놓고 한약도 지어주던 '야매'에 가까운 한의원 같은 곳이었다. 요새 같으면 큰일 날 일이지만, 그때 그곳엔 조현병 환자들을 가두어놓은 방들이 뒤쪽으로 나란히 배치되어 있었다. 하필 그 방들이 좁은 골목길을 사이에 두고 우리 집 대문과 마주하고 있었다. 3~4개 정도의 키 낮은 방들이 있었으며, 방마다 어설픈 철조망으로 가려진 조그만 창문이 있어, 우리는 그곳을 지날 때마다 무서워 허리를 최대한 굽힌 채 살금살금 지나다니곤 했다. 하지만 애들도 떼로 모이면 무서운 것이 없어지는 법이다. 놀기조차 지겨워 무료해지면, 동네 아이들은 꼬챙이를 들고 창문 앞으로 모이기 일쑤였다. 올망졸망 철조망 앞에 붙어 꼬챙이로 창문을 들쑤시면, 얼마 지나지 않아 환자들이 알 수 없는 괴성을 질러대며 창문틀을 흔드는 광경이 펼쳐진다. 그 지경을 만들어놓고서야 아이들은 꼬챙이를 흔들어가며 도망치곤 했다. 그런 잔인한 장난질조차 우리에게는 놀이로 생각되던 시절이었다.

한편, 양동 시절은 내게 있어 지금까지와는 전혀 다른 방식으로 놀이의 신세계가 열렸던 시간이기도 했다. 불로동에서는 남자애들하고만 놀다가, 이곳에 와서 나는 진정으로 '여자아이'가 되어가고 있었다. 우리 동네에는 다행히도 내 또래의 여자아이들이 많았다. 그 덕분에 나도 삔 따먹기, 고무줄놀이, 공기놀이 등과 같은 놀이로 쉽게 딸려 들어갔다.

물론 이 놀이들을 익히는 데도 시간이 좀 걸리긴 했다. 보통 내 또래나 고학년 언니들과 같은 여자아이들은 대부분 그집 막둥이들을 광목끈으로 등에 매고 놀러 나왔다. 아이들을 업고 다방구도 하고, "무찌르자 오랑캐~"를 부르며 어깨높이의 고무줄도 아무런 문제 없이 넘는 것을 보고 처음엔 엄청난 쇼크를 받았다. 키를 넘는 고무줄에 다리를 올릴 때마다, 다리의 각도만큼이나 등 뒤에 매달린 아기들의 조그마한 검은 머리통도 같이 따라 움직였다. 아슬아슬하긴 했으나 아기가 떨어지는 상황은 결코 일어나지 않았다. 그런 진기명기 쇼에 한참 동안 입을 벌린 채 탄성을 지르고 있었던 것 같다. 그런데 몇 달이 지나지 않아 나도 막둥이를 등에 업고 고무줄을 너끈하게 넘기는 장면을 연출할 수 있었다.

그 시절 나의 주특기는 단연 '삔(실핀) 따먹기'였다. 당시 여자아이들치고 이 놀이를 해 보지 않은 애들은 없으리라. 땅바닥에 조그만 동그라미를 그리고 그 밑에 일직선을 그어놓곤, 1.5m 정도 뒤로 물러나 동그라미 안에 실핀을 넣어야만 이길 수 있는 놀이이다. 동그라미에서 가장 멀리 떨어진 핀의 주인은 1등에게 자신의 핀을 바쳐야만 한다. 쉽게 말해, '삔 놓고 삔 먹기'인 셈이다. 동네에서 유독 '삔 따먹기'를 잘하는 여자아이들은 큰 옷핀에 전리품으로 따낸 실핀을 수십 개 걸어서 마치 훈장처럼 가슴 한쪽에 매달고 다녔다. 특출난 기량을 가진 아이는 그런 옷핀을 2~3개씩 달고 다니기도 했다. 이 정도가 되면, 학교건 동네건 간에 상관없이 여자애들의 추앙의 대상이 되었다.
　나 또한 그 훈장을 달기 위해 얼마나 연습에 매진했는지 모른다. 초기에는 줄기차게 잃다가, 급기야 승부욕이 발동, 속성 과외라도 받아야겠다는 마음을 먹었다. 나는 그 길로 아랫골목에 살고 있던 외가 당숙할머니 집을 찾아갔다. 할머니 집에는 당시 4남매가 있었는데, 촌수로는 나와 6촌지간이었지만 편하게 외삼촌, 이모로 부르고 있었다. 그 이모들이 내게는 히든카드였다. 더구나 막내이모는 나와 동갑임에도 이미 뻰 따먹기 세계에서는 '넘사벽'의 실력을 갖춘 절대지존의 위상을 자랑하고 있었다. 나는 날마다 그 집으로 찾아가 이모들로부터 온갖 비기(祕技)를 전수받았다. 연마를 통해 나의 뻰 따먹기 실력은 일취월장했다. 도장깨기 하듯, 나는 동네 여자애들의 뻰들을 한 뭉텅이씩 접수해나갔고, 급기야 나의 스승이자 지존이었던 막내이모의 뻰마저 몽땅 따버리는 수준까지 올라갔다. 이사 오고 나서 1년 반만에 이룬 쾌거였다. 그날 밤, 막내이모가 억울해서 잠을 이루지 못했다는 소식을 전해 듣고 잠깐 미안하기는 했으나, 내 왼편 가슴에 꽂힌 당당한 훈장은 곧 그 미안함마저 잊어버리기에 충분했다. 아마도 그때 전국소년체전에 뻰 따먹기 종목이 있었다면, 나는 우리 동네 대표로 출전했을지도 모른다. 결국 불로동에서 이루지 못한 평정의 꿈을 나는 양동에서 이루어내고야 말았다. 그 꿈이 이런 방식으로 이루어질지는 상상조차 못했지만 말이다. 하지만 나는 그때 이미 또 다른 장쾌한 꿈을 꾸고 있는 중이었다. 바로 만화가가 되는 것이었다!
　당시 동네 아이들의 놀이터 중 가장 매력적인 곳은 만화가게였다. '매력'이라는 고급스러운 단어를 쓴 것은 그것이 다른 놀이들과는 달리 '돈'이 있어야만 즐길 수 있었기 때문이다. 나의 만화 편력은 양동에서 시작된 것은 아니다. 일찌감치 국민학교 입학 전부터 만화가게에 들락거렸다.

물론 어린 내게 돈이 있을리는 만무했다. 글자를 읽을 수 있었던 건 더욱 아니었다. 우리 집을 오갔던 사촌 언니들을 따라다니며 『요괴인간』으로 만화계에 입문했다. 언니들 옆에 달라붙어 그림만 내리 보다가, 양동으로 이사 온 후 본격적으로 만화가게를 들락거리기 시작했다. 이번에야 말로 나에게 '돈'이란 것이 손에 쥐여졌기 때문이다.

　매일 아침마다 어머니는 장사를 나가시기 전 우리 오남매 하루 용돈으로 100원을 주셨다. 한 사람의 몫이 20원씩으로, 당시 '뽀빠이' 가격이 한 봉지에 10원이었으니, 그리 섭섭한 액수는 아니었다. 이 돈으로 우리는 어머니가 집에 돌아오시는 밤 8시까지 별 무리 없이 버틸 수 있었다. 이미 셈법을 알아버린 둘째와 셋째 동생은 자기 몫을 단단히 챙겨갔지만, 아직 어린 넷째와 막둥이의 몫은 내 처분에 맡겨졌다. 그것은 내게 '삥땅' 칠 기회가 주어졌다는 것을 의미했다. 나는 넷째와 막둥이에게 과자 부스러기 하나씩 사서 쥐여주고, 날마다 만화가게로 쨌다. 내 몫을 합쳐 도합 40원이면, 만화책 대여섯 권 정도는 충분히 볼 수 있는 돈이었다. 물론 가게 한가운데 연탄불 위에 끓고 있었던 오뎅까지 넘보기엔 언감생심이었다. 나는 그곳에서 이상무의 『독고탁』, 허영만의 『각시탈』, 길창덕의 『꺼벙이』와 함께 웃고, 울고, 분노하면서 성장해나갔다. 특히 내가 빠져들었던 캐릭터는 독고탁이었다. 독고탁의 의지와는 상관없이 난 그를 내 마음속의 연인으로 삼아버렸다. 그리고 결심했다. '만화가가 되자!'

　결연한 의지를 다진 날, 그날 밤부터 우리 집 종이란 종이는 남아나질 않았다. 세상의 모든 쇳덩이를 먹어 치운다는 전설 속 불가사리처럼, 나는 나대로 종이 귀신 전설을 만들어나갔다. 도화지, 달력 뒷면, 공책, 급기야는 방 안의 벽지에까지 만화를 미친 듯이 그려댔다. 동생들은 덩달아 신이 났고, 어쭙잖은 비평까지 해가며 응원했다. 기도 안 차게 악평을 쏟

아낼 때면, 나는 바로 발차기로 응징했다. 그렇게 예비 만화가로서 기술을 고도화시켜 나갈 무렵, 내 꿈의 성패를 가를 만한 엄청난 일이 발생했다. 만화가게를 갈 때, 나는 늘 그러했듯이 그날도 막둥이를 들쳐메고 들어갔다. 긴 의자에 둘이 같이 앉아 나는 만화에, 막둥이는 과자 봉지에 한참 동안 빠져 있었다. 그런데 갑자기 주인아주머니가 비명을 질렀다. "워매, 미쳐불겄네! 저것을 어쩐다냐!" 나는 아주머니의 시선이 막둥이를 향해 있는 것을 봤고, 동시에 머리 방향을 돌린 순간, 막둥이가 일을 쳐도 단단히 쳤다는 사실을 인지했다. 막둥이가 싼 설사똥이 바지 밖으로 흘러내리고 있었다. 만화에 심취해 있느라, 냄새도 맡지 못했던 것이다. 보던 만화책을 던져버리고, 아주머니가 가져온 걸레로 똥물 흥건한 의자를 닦아내면서 나는 얼마나 빌고 또 빌었는지 모른다. '정말이지 이 순간에 세상이 없어지든지, 내가 없어지든지 1초 내로 결판이 났으면 좋겠다'는 소원. 하지만 간절한 소원은 이루어지지 않았고, 나는 막둥이를 옆구리에 낀 채 루돌프 콧방망이처럼 빨개진 얼굴을 싸안고 가게를 달려 나왔다. 그리고 두 번 다시 그 가게엔 가지 못했다. 그나마 다행인 것은, 몇 달 후 6학년 봄이 될 무렵, 길 건너 동네로 이사를 했다는 사실이다. 그곳에서도 당연히 새로운 가게를 개척했고, 만화가의 길을 가겠다는 내 꿈도 살아남을 수 있었다.

그해 5월

1980년 봄, 우리 가족이 발산부락으로 이사해 온 지 1년이 지나고 있었다. 수산시장 동네에서 나와 이곳으로 오기까지 전셋집을 두 군데나 전전했다. 그동안 시장에서 10분 거리인 광주천변 언저리로 갔다가, 다시 양동국민학교 옆 동네를 거쳐 이곳으로 왔다. 오남매가 커가면서 얼마나 요란스러웠는지, 1년마다 우리는 쫓겨나다시피 이사를 다녀야 했다. 요즘처럼 임대차보호법이 있는 것도 아니어서, 집주인이 나가라면 나갈 수밖에 없었다. 그렇게 양동에 들어와 4번째로 정착한 집이 발산부락이었다.

이 집에 이사해 왔을 때, 우리 오남매는 환호성을 질렀다. 새집이 조그만 정원도 있는 2층 양옥이었던 것이다. 1970년대 후반 주택개발 바람이 불었을 때, 집장사들이 이태리식 가옥을 대규모로 지어 공급했던 적이 있었다. 우리들의 새집도 그런 집들 중 하나였다. 발산부락 하꼬방들 사이에 10여 채의 이태리가옥이 퐁당 들어앉아 있는 풍경은 누가 봐도 기묘했다. 하지만 세간의 사정이야 어떻든 우리 오남매는 마냥 좋았다. 그때만 해도 우리가 진짜 부자가 된 줄 알았기 때문이다. 전셋집이라는 개념도 없는 나이였기에 가능한 생각이었다. 실상은 그곳 역시 지금까지 우리가 거쳐왔던 집들처럼 우리 가족을 포함해 세 가구가 세 들어 살고 있었고, 우리는 겨우 방 두 칸을 차지하고 있을 뿐이었다. 그럼에도 거실까지 있는 공간을 갖게 되었다는 것은, 그간 우리 집 형편이 이전보다는 나아졌다는 것을 의미했다. 얼음을 채워 여름을 났던 아이스박스가 어느새 냉장고로 바뀌어 있었고, 안방에는 문짝 2개로 여닫는 흑백TV가 자리를 차지하고 있었다. 거실에는 조그만 궤종시계도 매달려 있어, 사이렌 소리에 맞춰 밥을 했던 시절을 생각하면 격세지감을 느끼게 했다.

전셋집을 옮겨 다닌 횟수만큼 어머니의 장사 종목이 변경되는 횟수도 늘어났다. 생선 좌판에서 양말과 액세서리를 리어카에 싣고 파는 잡화장사로, 다시 남의 가게 앞에 자리를 얻어 좌판을 널찍하게 깐 옷장사로 바뀌어 갔다. 장사의 규모가 커지고, 오남매도 상급학교로 진학하면서, 어머니의 일수 통장도 급속히 불어났다. 기껏해야 하루에 천 원씩 갚아나가는 소액이었지만, 이자를 원금만큼 갚아야 하는 사채시장의 끝판왕이 당시 시장에서 통용되던 일수 통장이다(일수쟁이와의 친밀도에 따라 이자가 더 싸지기도 했다). 지금 같으면 금융감독원의 감사가 떨어질 대상이지만, 은행 대출은 꿈도 못 꾸던 가난한 상인들이 가족을 먹이고, 아이들을 가르치고, 생활을 유지하기 위해서는 어쩔 도리가 없이 선택해야 했던 대출 방식이기도 했다. 양동시장 대부분의 상인들은 새마을금고나 양동신협이 출발하기 전까지 모두 일수 통장을 두둑이 갖고 있었다. 1970년대에 주로 5만 원 이내에서 최대 10만 원 정도의 일수를 썼으며, 1980년대에 들어서는 20만 원에서 50만 원 정도로 규모가 커졌다고 한다. 오후 3~4시가 되면 일수쟁이들이 시장을 한 바퀴 돌아, 돈을 받고 장부에 도장 하나씩 찍어 가는 진풍경이 벌어졌다. 그들은 100일 단위로 도장을 받을 수 있는 칸으로 채워진 일수 장부를 직접 만들어 다녔다. 하지만 이후 새마을금고와 신협이 등장하면서 사채 일수도 점차 사라지고, 대신 친한 사람들끼리 서로 연대보증(상인들은 이를 '어깨보증'이라 불렀다)해서 소액 대출을 받는 방식으로 전환했다.

그렇게 시간이 흘러가면서 어머니의 외형도 놀랄 만큼 변해갔다. 새카맣게 깡말랐던 젊은 여자는 사라지고, 다년간의 막걸리로 만들어낸 몸무게 90kg의 판다곰 한 마리가 우리의 모친이라며 안방을 차지하고 있었다. 아니, 불곰이라는 표현이 더 적절하겠다. 성격마저 포악해졌기 때문이다. 몇 년 전까지만 해도 아버지의 말씀에 순종적이었던 어머니가 언젠가부터 아버지에게 한마디도 지지 않고 대들기 시작했다. 말싸움은 간간이 육탄전으로 넘어가기도 했다. 이 혈전에서도 늘 어머니는 압도적 승리자였다. 그 묵직한 몸체를 누가 감히 당해낼 수 있으리. 이런 모든 정황이

돈줄을 쥐고 있는 자의 권력에서 나온다는 걸 그때는 몰랐다. 단지 우리 오남매는 어머니의 폭압에 괴롭힘을 당하는 아버지가 안쓰러워 같이 편을 먹고 어머니와 결론 뻔한 응전을 벌이곤 했다. 그때만큼은 우리가 마치 지구를 정복하려는 적과 싸우는 '독수리 5형제' 같았다. 세월이 한참 지난 후에 어머니의 말씀에 따르자면, 자신의 몸과 성격이 그렇게 변한 것도 다 살아남기 위한 전략이었다고 한다. 거친 시장통에서 장사를 하려면 남에게 '시피(쉽게)' 보이지 않아야 하고, 그러려면 욕도 같이 해대야 하고, 물건을 팔려면 손님들을 불러 모으기 위해 소리를 질러야 하는데, 이때 막걸리는 밥보다 더 힘이 되었다고 한다. 짠한 스토리임에는 분명하지만, 그리고 일부 사실인 것도 분명하지만, 어머니의 말씀은 반은 맞고 반은 틀렸다. 어머니의 술 실력이 애초에 외갓집의 말술 유전자를 이어받았기 때문이란 걸 어머니 자신은 물론, 우리 가족 모두 너무 잘 알고 있었던 것이다.

 이 집에 이사 오면서 무엇보다 나아진 것은 내 형편이었다. 외할머니가 아예 우리 집으로 들어와 살림을 맡기로 하신 것이다. 그동안 장사 때문에 정신이 없어 우리가 숙제를 했는지, 안 했는지, 밥은 먹었는지, 안 먹었는지, 도통 관심이 없던 어머니가 갑자기 나에게 시선을 돌렸다. 이렇게 정신줄을 놓고 살았다간, 큰딸이 인문계 고등학교도 못 갈 것 같다는 불안감이 엄습했던 것 같다. 그도 그럴 것이 난 여전히 철딱서니가 없었다. 몇 푼 안 되는 용돈은 물론, 버스비까지 탈탈 털어 만화가게에 갖다 바치고 있었기 때문이다. 그때까지도 내 모든 교과목 노트들은 전부 내가 그린 만화로 가득 차 있었다. 변한 것은 만화 장르가 바뀐 정도였다. 나이가 든 만큼 명랑만화에서 순정만화로, 한국만화에서 일본만화로. 나뿐만 아니었다. 모든 여학생들이 『캔디』와 『베르사이유의 장미』에 미쳐 열광하

저쯤 언덕을 볼 수 있을 만큼

어느새 크게 자라있겠

고 있었다. 1979년 『베르사이유의 장미』 일본판 원본이 국내에 책으로 출간되기 시작했을 때, 난 북성중학교 앞 서점에서 만화책을 사기 위해 새벽부터 나가 서점 앞에서 대기 줄을 설 정도였다. 요새 같으면 오픈런을 했던 셈이다. 그때 내 마음속에는 독고탁 대신 테리우스와 앙드레가 들어앉았고, 나는 둘 중 누구를 새로운 연인으로 삼을 것인가를 두고 일생일대의 고민에 빠져 있는 중이었다. 사정이 이러하니, 무심했던 어머니조차도 눈에 거슬렸던 모양이다. 어머니는 큰딸이 공부에 매진했으면 하는 바람을 안고 외할머니께 도움을 청했으나, 나는 덕분에 늘어난 여유 시간마저 만화에 몽땅 던져대면서 나의 꿈을 향해 일로매진하고 있었다.

그렇게 나의 중학 시절은 별일 없이, 무탈하게, 느린 시간으로 가고 있었다. 그 시간에 균열이 간 것은 5월에 들어서였다. 3학년 신학기에 고교 입시 면담이 진행되고, 나도 잠시 만화책을 접어두고 입시생 흉내를 내고 있을 무렵, 학교 주변 분위기가 심상치 않아졌다. 내가 다니던 전대사대부중은 전남대 정문 바로 옆에 붙어 있었던지라, 주로 정문 앞에서 진행되던 대학생들의 시위는 고스란히 학교 안으로 영향을 미쳤다. 5월 들어 시위가 격화되자, 최루탄 가스가 교실 안까지 들어와 수업이 중단되곤 하는 일들이 반복되고, 대학생들이 중학교 운동장을 가로질러 달려나가는 장면을 불안한 마음으로 지켜봐야 했다. 그러다가 어느 날인가 아버지가 학교로 나를 데리러 오셨다. 5월 18일에 전남대 앞과 시내에서 그 난리가 나고, 5월 20일에 시내 중고등학교에 휴교령이 내렸으니, 아마도 19일이었을 것이다. 시내가 이미 아수라장이 된 상태에서도 학교에 갔던 것 같다. 그렇지만 수업이 진행될 리는 만무였다. 선생님들은 서둘러 우리를 귀가시켰는데, 그때 아버지가 나를 데려가기 위해 짐바리 자전거를 타고 달려오신 것이었다.

그날부터 며칠간 우리 오남매는 꼼짝없이 방 안에 갇혀 지냈다. 군인들이 총으로 사람을 죽인다는 소문은 어린 우리들의 귀에도 들어왔고, 집안 모든 창문에는 두꺼운 솜이불이 커튼처럼 쳐졌다. 밤에는 솜이불 속에서 땀을 뻘뻘 흘리며 잠을 청했다. 그리고 언젠가부터 어머니가 시장엘 날마다 나가셨다. 시장 계모임 언니들과 함께 주먹밥을 싸러 나가셨다는 걸 나중에야 알았다. 계엄군이 외곽으로 밀려난 후, 나도 시장 천변으로 나가 보곤 했다. 그때 봤던 장면은 아직도 머릿속에 하나의 사진처럼 남아 있다. 아세아극장에서 천변 쪽으로 돌던 검은색 차량(그 차량이 페퍼포그였다는 것을 대학 가서야 알았다)에 걸린 흰 광목천이 나풀거리고 있었다. 그 천 위에 혈서로 거칠게 쓰인 검붉은 글귀가 내 눈에 박혔다. '전두환을 찢어 죽이자.'

5월 27일 도청이 함락된 후, 어머니는 한동안 몸져 누우셨다. 27일 새벽 도청에서 돌아가신 '작은삼촌' 때문이었다. 나의 '삔 따먹기' 시절, 이모들에게 기술을 전수 받기 위해 한참 동안 들락거렸던 그 외가 당숙할머니의 둘째 아들이었다. 우리는 그를 '작은삼촌'이라 불렀었다. 당시 동국대 1학년을 다니고 있던 작은삼촌은 주말을 맞아 광주에 내려왔다가 고등학교 동창들과 함께 도청에 들어가 있었던 상황이었다. 계엄군이 들어온다는 소문이 돌던 26일 저녁, 어머니는 당숙할머니와 함께 작은삼촌을 빼내기 위해 도청으로 찾아갔고, 그는 끝내 나오기를 거부했다. 그리고 새벽, 그곳에서 돌아가셨다. 어머니는 당숙할머니, 할아버지와 함께 상무관에서 처참한 모습의 시신을 찾아내 장례를 치른 후, 근 일주일 간 장사도 못 나가고 식음을 전폐한 채 누워버렸다. 집안의 무거운 공기를 견뎌내기를 며칠째던가, 다시 학교에 나갔을 때는 이미 초여름이 시작되고 있었다.

서커스단의 코끼리

전쟁 같았던 시간이 지나고 서서히 일상이 회복될 무렵, 우리 가족은 바빠졌다. 발산부락에서 광주천변 쪽으로 다시 이사를 해야 했기 때문이다. 중3 여름방학이 막 시작된 7월 말, 이사 준비를 하던 부모님의 얼굴은 한껏 상기되어 있었다. 그들의 생애 최초로 집을 가지게 된 것이다. 하지만 여전히 전세와 자가(自家)의 차이를 모르고 있었던 우리 오남매는, 이사 갈 집의 꼬락서니를 보고 "드디어 우리 집이 망했다!"며 며칠 밤을 함께 부여잡고 통곡을 했는지 모른다. 새집은 하꼬방에 버금갈 만큼 허술했으며, 하수구도 없어 마당 한가운데 파놓은 구멍에 돌을 메꿔 그 안으로 조금씩 물이 스며들도록 되어 있었다. 세숫물이나 설거지물을 버릴 때조차 긴장을 해야 했고, 장마통에는 부엌으로 물이 콸콸 쏟아져 들어가 오남매가 맨날 물을 퍼내야 했을 정도였다. 그 집은 결정적으로 불법 건축물이었으며, 무엇보다도 더 엄청난 것은 그 조그만 땅덩이의 주인이 셋이라는 사실이다. 총 20평에, 천변부지인 국유지가 8평, 시 부지가 6평, 그리고 우리 집 소유가 6평이다. 그럼에도 아버지는 신이 났다. 드디어 자신의 이름 석 자를 멋지게 쓴 문패를 그 허름한 대문 앞에 자랑스럽게 내걸 수 있게 된 것이다. 하지만 이미 화려한 양옥집의 맛을 봐버린 오남매는 원통하고 분통했다. 나 또한 한동안 부도난 재벌집 막내딸 같은 심정으로 그 집을 견뎌내야 했다. 그때 난 다년간 만화계에 몸담은 저력이 남긴 부작용을 심각하게 앓고 있었다. '난 어쩌면 출생의 비밀을 가진 비극의 주인공일지도 몰라. 원래는 부잣집 딸인데, 어쩌다가 우리 부모 밑으로 굴러 들어와서 식모살이를 하고 있는 것이다! 그렇지 않고서야 열다섯의 이 팍팍한 삶을 설명할 도리가 없다!'

오랜만에 돌아온 광주천은 더 이상 내가 기억하고 있는 곳이 아니었다. 온갖 생활하수가 덮치고 있어 몸은커녕 행여 발이 빠질까 봐 조심스러운 곳이 되어 있었다. 그래도 동네 조무래기들에게 천변 풀밭은 여전히 훌륭한 놀이터였다. 대보름 밤이면 풀밭 여기저기서 깡통을 돌려가며 쥐불놀이를 했고, 봄에는 천변 버드나무들이 뿜어내는 솜털을 잡으러 다니느라 와자지껄했다. 여름방학이 끝날 즈음에는 온갖 벌레와 날것들(소금쟁이, 물방개, 나비, 잠자리 같은)이 아이들의 방학 숙제를 위해 기꺼이 목숨을 내놓았다.

이 시기 나에게 잊을 수 없는 하나의 추억은 서커스단 공연이다. 어렸을 적 광주천 발산교에 접해 있는 옛 농고 자리(현재 중흥아파트가 들어서 있다)에 간헐적으로 서커스단이 들어왔다. 양동으로 이사 온 후 서커스단이 들어올 때마다 우리 오남매도 이곳을 몇 번 왔었다. 너른 터에 대형 천막이 설치되면, 한 달여 동안 밤마다 공연이 펼쳐졌다. 우리는 쫄깃거리는 심장을 부여안고 접시 돌리기, 통 굴리기, 외자전거 타기, 원숭이와 코끼리 쇼를 봤다. 특히 공중에서 좌우로 흔들거리며 곡예사들이 서로 그네를 바꿔 타는 장면이 연출되면, 관객들은 탄성과 함께 손바닥이 불탈 만큼 박수를 쳐댔다.

머리통이 커지면서 서커스단이 들어와도 별 감흥이 없던 어느 해였다(몇 년도인지 정확히 기억나지는 않지만, 아마도 고등학생 때였던 듯하다). 그해에도 서커스단이 들어와 공연이 시작되었다는 소식이 들려왔다. 그러려니 하고 넘어가고 있던 어느 날인가, 외할아버지가 신문지로 싸인 뭉텅이 하나를 갖고 들어오셨다. 마루에 놓고 펼치시면서, "코끼리 고기다. 불 피워서 먹어 보자" 하시는 것이 아닌가. 코끼리 고기라니? 외할아버지 식성이야 거의 몬도가네 급이라 어떤 먹을거리를 들고 오신들 그리

놀랄 바는 아니었으나(우리 오남매는 외할아버지가 잡은 쥐를 시식해 본 적이 있다. 바다 생선 '쥐포'가 아니라, 진짜 '쥐'를 잡아먹었다. 물론 외할아버지는 그 쥐 고기를 연탄불에 꿔서 술안주로 잡수셨다), 코끼리 고기는 너무 생뚱맞았다. 사연인즉, 서커스단의 코끼리가 죽었단다. 장례를 치러준 후, 광주천에서 코끼리를 해체해 광주시민들에게 판 모양이었다. 코끼리 고기 맛은 어땠을까? 결론부터 말하자면, 도저히 먹을 수가 없었다. 타이어 조각을 씹는 것 같았다. 그렇지 않아도 코끼리 고기는 질겨서 잘 씹혀지질 않는 법인데, 나이 80살을 먹은 코끼리였으니 그 강도가 얼마나 셌겠는가. 우리는 몇 번을 질겅거려 봐도 이도 잘 들어가지 않아 결국 뱉어버렸다. 물론 식구들이 모두 손을 뗀 남은 코끼리 고기는 며칠 동안 외할아버지의 훌륭한 술안주로 생을 마쳤다.

야생의 정원과 빈집들

나는 지금 광주천을 눈앞에 둔 임동에 살고 있다. 임동은 아버지의 탯자리다. 천변을 돌다가 결국 다시 탯자리로 돌아온 아버지는 이곳에서 4년 정도를 사시다 돌아가셨다. 돌이켜 보면, 나 또한 천변에서 태어나 성장하고, 환갑을 눈앞에 둔 초로의 늙은이가 되었다.

며칠 전, 1980년 여름에 이사와 장장 40년 이상을 우리 가족과 함께한 양동 집을 정리했다. 정확히는, 재개발 바람이 불면서 하나둘씩 동네를 떠나는 가구가 늘자 15년 전에 우리도 이사를 나왔으며, 그 이후 줄곧 비어 있는 상태였다. 부모님은 이곳에서 자식들을 가르치고, 결혼시키고, 손주들을 보았다. 그러니 여한도 없을 터였다. 어머니는 이 시절을 '낙타가 바늘구멍을 빠져나온 것 같았다'라고 회고했다. 나 또한 이 집 쪽방에서 고등학교 시절엔 〈별밤〉을 들으며 엽서도 쓰고, 좋은 노래가 나올 때면 테이프를 걸어 녹음도 하고, 대학을 졸업하고, 박사 논문까지 써냈으니, 딱히 여한은 없다. 물론 한 가지만 빼고!

만화가의 길을 가겠다는 나의 꿈이 바로 이 집에서 와장창 깨졌다. 당시 만화계의 떠오르는 샛별이었던 황미나 작가의 문하생으로 들어가는 것이 나의 소원이었고, '가출을 해버릴까?'란 얼토당토않은 생각을 정말 진지하게 했었다. 하지만 고3을 올라가면서 밀착 경호에 돌입한 어머니의 열화와 같은 성화에 결국 무릎을 꿇고 말았다. 만약 내가 그때 가출을 감행해 서울로 상경했다면 내 인생은 달라졌을까? 황미나, 신일숙을 찜 쪄먹는 '신예의 만화가 등장'이란 타이틀을 달았든지, 아니면 서울역 노숙자의 길로 들어섰든지, 양단간에 결정이 나기에는 그리 오래 걸렸을 것 같지는 않다. 물론 지금 생각하면 후자가 훨씬 현실적 결론이었겠지만.

비록 이사는 나왔으나, 아버지는 돌아가시기 전까지도 재개발 찬성 서류를 받으러 다니는 사람들에게 끝까지 도장을 내주지 않으셨다. 당신은 이사 나올 여력이라도 있지만, 재개발이 되면 그곳 노인네들은 달리 갈 곳이 없다는 것이 이유였다. 겨우 땅덩이 6평짜리 주인의 호기로운 정의감에 오남매는 열렬한 지지를 보냈다(만약 600평이었다면 상황은 달라졌을 것이다!).

소소한 정의감에 불타던 아버지도 돌아가시고, 그의 자존심의 근거였던 6평짜리 집도 이젠 남의 손으로 넘어갔다. 곧 재개발이 이루어진다고 한다. 그 사람 많던 골목길은 입구 쪽에 서너 집 정도만 남은 채 전체가 비어 있다. 이제 골목길은 사람 대신 잡초와 넝쿨들이 주인이 되어 야생의 정원을 만들어내고 있는 중이다. 광주천이 자전거길, 산책길을 만들어

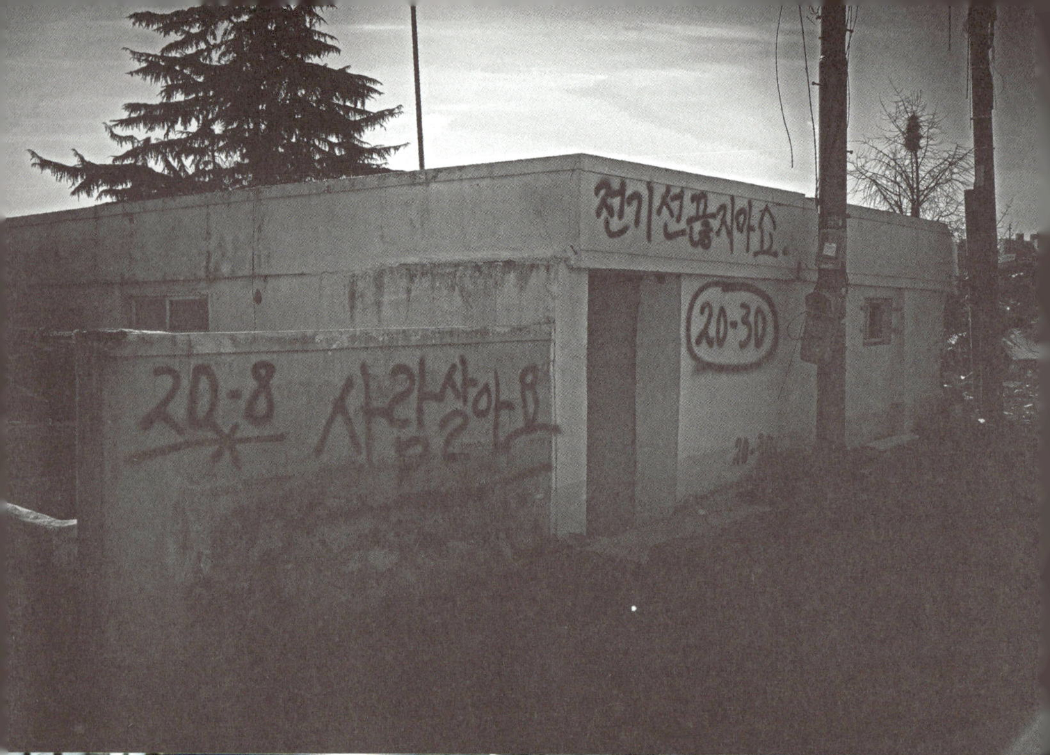
전기선끊지마요
20-30
20-8 사람살아요

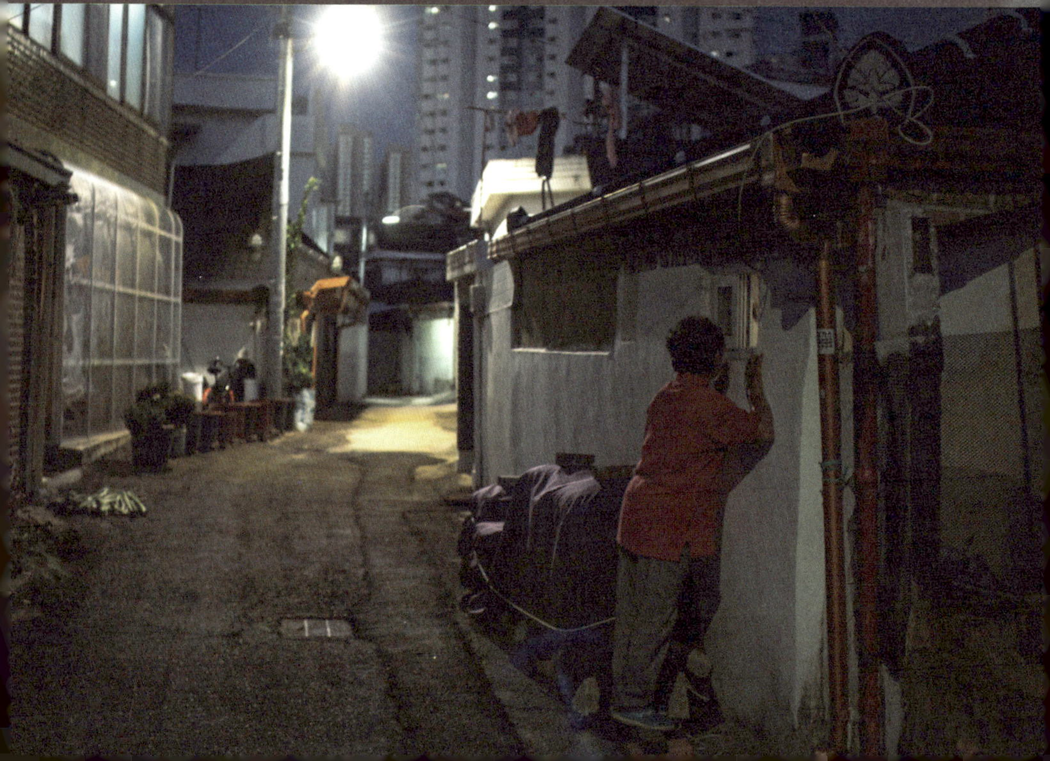

나가는 동안 골목길도 쉬지 않고 있었던 모양이다. 벌써 20년을 넘어가는 재개발 이야기가 언제 현실화될지는 잘 모르겠으나, 이 골목길과 정원이 영원한 추억 속으로 사라질 시간이 얼마 남지 않았음은 분명하다. 그렇게 속절없이 내 유년의 기억도 서서히 묻혀들어갈 것을 생각하면, 가끔은 마음이 짠해진다. 나의 시간이, 우리 오남매의 시간이, 그리고 우리 가족 모두의 시간이 칼로 도려낸 듯 양동이란 공간에서 도려내져 버릴 것 같아서이다. 하긴 이렇게 도려내지는 것이 비단 우리 가족의 시간뿐일까. 오늘도 광주 도처에서 무수한 가족들의 서사가 같은 처지로 잘려나가고 있을 것이니, 지역의 이야기에 관심 있는 나로서는 하루하루가 안타까울 뿐이다.

광주천 누벼누벼 흘러가는 곳

예로부터 우리네 장터는 그냥 물건만 사고 파는 상거래처가 아니었다. 떨어져 사는 동기들과 모처럼 만나 회포를 푸는 사교장이었고 온갖 문화행사가 펼쳐지는 대동마당이었다. 광주천변 자갈밭에는 장날마다 천막극장이 들어섰고, 장 모퉁이에서 차력사의 묘기가 펼쳐졌으며, 여기저기 전을 쓸고 다니며 각설이들의 장타령이 왁자했다. 말그대로 '문화난장'이었다.

광주천 누벼누벼 흘러가는 곳

한송주

광주천과의 첫 인연은 초등학교 5학년 때로 거슬러 올라간다. 나는 당시 국민학교 5학년 때 화순에서 광주로 전학을 왔다. 누문동에 있는 수창국민학교에 다녔는데 학교 가까이에 광주천이 있었다. 교가부터가 광주천을 품고 있었으니, '무등산 뻗어내려 너른 한 벌에 광주천 누벼누벼 흘러가는 곳. 정답다 아름답다, 우리 수창…'으로 이어졌다.

나는 여름날이면 박찬우 등 동급생들과 거의 날마다 광주천에서 미역을 감고 놀았다. 그때는 냇물이 맑아서 벌거숭이로 미역을 감고 자맥질도 하고 고기도 잡곤 했다. 가끔 냇가에 버려진 쇠붙이나 병 따위를 엿이나 붕어빵으로 바꿔 먹기도 했다. 그로부터 지금 이 나이까지 광주를 벗어나지 않고 살아온다. 게다가 광주서중 일고, 전남대에서 공부하고 〈광주일보〉에서 40년 넘게 직장생활을 한 까닭에 광주천에 서린 추억이 많은 편이다. 광주천과의 첫 인연을 맺어준 내 어릴 적 유학기(遊學記)는 지금 돌이켜도 감회가 새롭다. 나의 소중한 유년 시절의 연대기도 함께 얽혀 있다.

 내 어머니는 무당이었고 내 아버지는 머슴이었다. 내가 세상에 태어나 처음 보고 들은 것은 끝없이 이어지던 굿거리 장단과 무당 춤사위였다. 그것은 꿈결인 듯 현실인 듯 몽롱하고 아련하게 다가오는 무섭고도 신비한 체험이었다. 그때 나를 달래준 것은 땀에 촉촉이 젖은 등판의 아늑함이었다. 그것은 등짐으로 평생을 다진 아버지의 넓은 등판이었다.

 굿소리에 놀라 소스라치는 어린 아들을 아버지는 내복바람에 들쳐업고 달빛 교교한 마당귀를 돌며 어루달램 해주었던 것이다. 소복을 입고 길닦음을 하는 무당 어머니의 무서운 모습과 땀내 나는 넓은 등판으로 자장어룸을 하는 머슴 아버지의 포근한 느낌이 내 유년 정서의 원형질이었던 셈이다.

 아버지는 16살 터울의 어머니에게서 유일한 혈육을 얻었다. 나이 50에 후사를 본 부모님은 불면 날아갈까 쥐면 부서질까, 애지중지 나를 키웠다. 아버지는 힘든 논일을 하다가도 그 새를 못 참고 집으로 달려와서 나를 까부르며 수염 까칠한 볼을 내 뺨에 부비시고는 했다. 어머니는 입버릇처럼 겨울 새벽에도 찬물에 목욕재계하며 7년 치성을 들인 끝에 천지신명이 도와 귀동이를 점지받았다고 말씀하시곤 했다. 어머니는 내 입에 묻은 음식 찌꺼기조차 종이나 행주치마로 쓱 닦지 않고 당신 혀로 정성껏 핥아내셨다.

 내 고향은 전남 화순군 이서면 물염리. 삿갓시인 김병연이 마지막 나래를 쉰 물염적벽이 있는 마을이다. 수려한 경관은 동복댐 공사로 수몰돼버리고 지금은 정자 한 채와 김삿갓 기념비만 남아 있다. 식구 단출하고 비교적 넉넉했던 우리 집은 행상들이 하룻밤 묵어가는 단골 객점이었다. 사람이 그리웠던 어머니는 이들을 반갑게 맞아들여 밥해 먹이고 잠자리를 봐주며 밤새 이야기 나누기를 좋아했다. 덕분에 젖이 부족했던 나는 비단장수, 생선장수, 바구니장수, 방물장수 아주머니 가리지 않고 심청이 동냥젖마냥 방방곡곡에서 온 여러 어머니들의 젖을 얻어먹고 자랐다(오늘 내가 고주망태로 지내면서도 이만이나 버티고 있는 것은 이 전국 유모들의 음덕일시 분명하다.).

물염정 옆에 이철주라는 서당 훈장님이 사셨다. 배움에 한을 탔던 아버지는 외지에서 훈장 한 분을 모셔다가 논밭과 함께 서당을 매어주었다. 궁벽한 산촌에 처음으로 서당이 생긴 것이다. 나는 다섯 살 때부터 서당에서 『천자문』을 읽었다. 거름종이에 먹줄을 그은 판에 강변 잔돌들을 늘어놓아 바둑도 배웠다.

훈장님은 밤이면 우리 집에 와 일자무식인 부모님께 옛 이야기책을 읽어주셨다. 『옥단춘뎐』, 『춘향뎐』, 『놀보뎐』, 『심청뎐』, 『장화홍련뎐』, 『류충렬뎐』, 『장끼뎐』, 『박씨부인뎐』, 『숙향낭자뎐』, 『검사와 여선생』… 운을 맞춰 낭랑히 읽어대는 훈장님, 이야기 끝을 자꾸 재촉하며 연신 눈물을 찍어대는 어머니, 덤덤한 표정이면서도 열심히 귀를 쫑긋 하고 있는 아버지, 나는 자는 척 이불을 둘러쓰고 있으면서 얼마나 많은 눈물을 흘렸던지.

인심이 순후했던 만큼 우리 마을에는 풍물이 유난히 성했다. 추석 대보름 큰 명절을 말할 것도 없이 웬만한 경사가 있다 치면 마을에 농악 소리부터 울려퍼졌다. 물염농악 하면 근동에 소문이 짜했고 큰 단위 큰 판에도 상쇠는 물염부락 갈천아재, 망월촌아재 차지였다. 나는 여섯 살 무렵부터 예쁘게 오색복을 차려입고 소고를 치며 어른 농악대를 따라다녔다. 어른들은 그런 나를 꽤나 대견해하며 '그놈 나중에 그 길로 가도 되겠네'하고 웃으셨다.

서당에서 동기들과 복습을 하고 있던 어느 날 오후, 수업 중에는 좀

체 글방에 안 오시는 아버지가 왈칵 문을 열어젖히며 대갈일성을 하셨다. "송주야 이놈, 당장 이 따위 한문 때려치우고 내일부터 신식학교에 댕겨라." 사단을 알고 본즉, 그날 아버지는 면소에 가셨다가 글 모른 죄로 새파랗게 젊은 면서기한테 봉변을 당하셨단다. 그래서 구식 글 배우지 말고 신식공부를 해 양복 입고 팬대를 굴리라고 주문하신 거였다.

우리 마을에서 국민학교가 있는 야사리까지는 시오리가 넘는 데다 전두재라는 고개가 있어서 어른들도 나절 걸음을 해야 했다. 어쨌건 나는 나보다 두세 살이 많은 나이배기들 틈에 끼여 신식학교를 다녀야 했다. 추운 겨울이면 어머니가 전두재까지 업어다주고 또 업어가고 하며 2학년까지 야사학교를 다녔다.

얼마 뒤 가까운 도석리에 교실 3칸짜리 분교가 생겨 고생이 줄었는데 이게 또 다른 탈을 부를 줄이야. 분교 선생님들은 대개 젊은 데다 벽지 생활이 서툴러 초장에 적응을 잘 못하기 마련. 아버지는 예의 베테랑 머슴 솜씨로 철철이 나무하고 식량 마련해 선생님들께 공양했다. 그리고 때때로 집에 선생님들을 초청해서 씨암닭깨나 삶아 올렸는데 선생님들은 그냥 대접이나 받고 고이 가실 일이지 공치사를 한마디씩 하셨던 모양이라. "송주가 제법 명민합니다. 촌구석에 두기는 아까우니 광주로 보내시지요." 운운하며.

50년 품을 팔아 논마지기깨나 장만했는데 아버지야 어디 그 공치사에 눈이나 깜빡하실 분인가. 그런데 어머니가 그 달착지근한 말에 그만 귀가 솔깃해지고 말았다. 나는 그때쯤 장터 지전 영김님 좌판에 있는 만화책을 발견하고 너무 신나는 독서삼매에 빠져 있었고 또 쇠전머리에 가끔 천막을 치는 나이롱 극장 구경하는 맛에 학교 다니는 재미를 솔솔 느끼는 참이었다.

어느 겨울 새벽에 어머니는 내 손을 잡고 부랴부랴 전두재를 넘었다. 광주 이모집에 간다는 말에 얼결에 따라나선 길이 그만 나의 유학길이 될 줄이야.

새로 지어 아무도 입주하지 않은 신식집 문간방에 세 들어 연탄불도 땔 줄 몰라 고드름 열리는 냉방에서 어머니와 단둘이 지낸 광주 유학생활 2년, 당시만 해도 쉽지 않다던 광주서중 관문을 통과하자 그제서야 아버지가 오신다는 전갈이 왔다. 철둑 길 건너 태봉산이 솟아 있고 이쪽으로는 허허벌판이 널려 있던 1960년대 중반의 광주 누문동 풍경.

그 사잇길로 흙먼지 일으키며 멀리서 달려오던 그 짐차를 나는 오늘도 잊지 못한다. 짐차 양편에 새끼줄에 매달려 햇빛에 반짝이며 대롱거리던 아버지의 농사 연장들. 쇠스랑, 괭이, 호미, 도끼, 조선낫, 홀태…

이런 쉽게 지울 수 없는 파란만장한 연대기가 나와 광주천 사이에는 가로누워 있는 것이다.

민중문예운동 전진기지 '등나무집'

광주천의 명소, 하면 흔히 '불로동 화실'로 불리는 '등나무집'을 빠뜨릴 수 없다. 물론 지금은 존재하지 않는다. 건물은 오래전에 새 단장되었고 그곳에서 활동하던 예술인들도 뿔뿔이 흩어졌다. 그러나 추억은 아름다워서 세월이 지날수록 더 우리 가슴을 울린다. 불로동 화실은 강팍했던 1980~1990년대 민중문예운동을 주도하던 전진기지였다.

이제 등나무집은 새 시대를 맞아 자랑스러운 역사의 현장으로 세인의 관심을 끌고 있다. 올 4월의 '등꽃제'는 어느 때보다 즐겁고 환한 잔치판이 될 것 같다.

사람들은 이곳을 '등나무집'이라 부른다. 광주광역시 서구 사동 16의 2번지, 대지 2백 평에 목조 3층 건물. 자잘한 방이 여남은 개가 있는 일제 때 적산(敵産)가옥. 허름한 외양과는 달리 온 집을 감싸고 있는 등나무꽃이 유난히 아름답다.

사직공원으로 올라가는 광주천변 불로동 다리(부동교) 옆에 위치해 '불로동 화실'이라고도 하는 이 집은 '광주 5월'을 예술로 형상화해온 문예운동의 산실이다. 광주의 젊은 예술인들은 1980년대 말부터 이곳에 모여 그림을 그리고 시를 쓰며 5·18의 진실을 널리 알리는 데 열정을 불살랐다.

민중미술계열의 거대한 모임체인 '광주·전남 미술인공동체(光美共)'가 이곳에서 전열을 가다듬고 '광주청년문학회'가 이곳에서 출판운동을 했으며 20여 명의 화가 문인들이 또한 개인 작업을 했다. 7년여에 걸친 씩씩한 활동으로 등나무집은 이 지역 문예운동의 상징으로 떠올랐고 서울이나 타 지방의 예술인들도 광주에 오면 꼭 들르는 명소가 되었다.

등나무집에 맨 처음 입주한 예술인은 화가 김경주 씨(40·동신대 교수)다. 1988년 겨울, 3층에 화구를 풀었다. 그가 들어오기 전까지 이 집은 학생들과 독학자들이 공부를 하는 사설 독서실로 운영되고 있었다. 30년 역사를 가진 사설 독서실은 많은 고시 합격생을 낸 유명한 곳이었으나 1980년대 이후 사양길에 접어들어 마침내 문을 닫았다.

화가 김 씨는 넓고 싼 맛에 폐가처럼 어수선한 집에 들어와 벌벌 떨면서 한겨울을 났다. 곱은 손을 입김으로 녹여가며 열심히 판화를 찍고 수묵을 쳤다. 어둡고 긴 겨울에 지친 마음으로 이듬해 봄을 맞았는데 4월 중순 어느날 30m가 넘는 담장 위에 하얀 등꽃이 휘황하게 피어 있는 것을 보고 단번에 마음이 환해졌다. 등꽃은 그 빛깔과 향기로 밤을 온통 밝혔다.

혼자 보기 아까워 지인들을 불러들여 함께 즐겼다. 이때부터 해마다 4월이면 등나무집에는 광주의 풍류객들이 모여 앉아 술잔 더불어 시가를 읊는다.

"우리는 그것을 '등꽃제'라고 부릅니다. 연전에는 더욱 성황을 이뤄 30여 명의 장정들이 옥상에 몰려 왁자하게 즐기는 통에 비실비실한 집이 무너지는 줄 알았지 뭡니까. 특히 황지우 시인 같은 덩치가 왔다갔다 할 때는 천장에서 뿌지직 소리가 나 정말 불안했지요."

등나무집 소문이 나면서 1989년 겨울, 화가 이준석·장경철 씨가 3층에 입주했다. 그리고 1990년에는 화가 정희승·임홍수 씨가 들어왔다. 이어서 김정환·조정태·천찬욱 씨 등 광미공 회원 들이 합세했다. 1988년 YWCA에서 결성된 이래 사무실도 갖추지 못하고 있던 광미공은 이 등나무집이 모임터가 되었다.

광미공뿐 아니라 민족문학작가회의 소속 문인들도 여기에서 여러 차례 모임을 갖고 시국에 대처한 문예운동의 방향을 논의하기도 했다.

1990년대 들어 김호균·윤정현·정채천·이철송 씨 등 광주청년문학회 회원들이 이곳에 '광주출판사'를 차려 본격적인 출판운동을 펴기 시작했다. 이렇게 되자 등나무집은 화가 10여 명, 문인 10여 명이 동거하는 명실공한 문예운동 본부가 되었다. 또한 이들 거주자들뿐 아니라 이영진·곽재구 등 '5월시' 동인, 황지우·김유택·박호재 씨 등 문인들, 강연균·이태호 씨 등 화가와 평론가 들이 자주 드나들어 늘 성시를 이뤘다. 거기에다 대학 운동권 학생들까지 이따금 들락거렸다.

대학을 갓 졸업한 광미공 젊은 화가들은 이 지역 학생운동에 예술적으

광주천 누벼누벼 흘러가는 곳

로 큰 지원을 했다.

운동 모임에 없어서는 안 되는 대형 걸개그림의 태반은 이 등나무집에서 기초되었다. 대형 걸개그림은 보통 생각하기보다 정교한 기능을 요구하기 때문에 선배 화가들이 지도해 줄 수밖에 없었다.

1991년 말에는 시인 곽재구 씨가 '손님'으로는 만족하지 못하겠던지 짐을 싸들고 3층으로 들어와 한 식구가 되었다. 그는 3평짜리 단칸방에서 용맹정진, 지금까지 4년 사이 시집 3권, 산문집 2권, 장편동화 1권을 내는 대수확을 거두었다. 화가 김경주 씨도 두 번의 개인전을 호평 속에 여는 결실을 맺었다.

7년 사이 여러 사람이 들고난 끝에 현재는 화가 이준석·장경철 씨, 시인 곽재구 씨, 화가 홍명숙 씨가 함께 살고 있다. 이춘석 씨는 최근 광주미술상을 수상한 광미공 6대 회장으로 장경철 씨와 함께 7년째 등나무집을 지키고 있으며 곽재구 씨는 5년째, 홍명숙 씨는 1년 남짓 되었다. 이 집 1층에는 문예운동과는 좀 성격이 다르지만 조선대 학생들의 모임체인 '디자인 뱅크' 사무실이 있다.

등나무집을 텃밭으로 무럭무럭 자란 광미공은 현재 1백 10명을 회원으로 가진 이 지역 최대의 미술인 단체로 성장했다. 규모 못지않게 활동도 활발해 해마다 5월에 광주 금남로에서 펼치는 '5월 거리미술제' '합동회원전' 등이 늘 관심을 끌고 있다. 지난해 10월에는 광주비엔날레 행사에 맞춰 망월동 묘역에서 대대적인 통일미술제를 가져 역량을 과시했다.

엄혹했던 시절, 5·18광주민주화운동의 역사성을 드러내는 작업을 이처럼 열렬하고 꾸준하게 펼쳐온 단체는 달리 찾기 어렵다. 광미공은 1988년 홍성담·조진호 씨를 공동대표로 발족해 최상호·이사범·김경주·박철우·이준석 씨 등이 회장을 맡으며 나날이 발전해왔다.

광미공을 물심양면으로 지원하고 있는 화가 강연균 씨도 등나무집에 무척 애착을 갖고 있다. 그는 추운 겨울이면 느닷없이 찾아와 난로도 피우지 않고 밤새워 그림을 그린다.

"아마 옛날 춥고 어려웠던 시절을 회상하면서 작가 정신을 단련하시려는 것 같아요. 강 선생님의 그런 투철한 모습에서 우리는 많은 것을 배우지요."

이준석 씨의 말이다. 등나무집은 젊은 작가들의 좋은 훈련장일 뿐더러 중견 원로 작가들에게 옛 향수를 불러일으키는 '마음의 고향' 역할도 하고 있는 것이다.

소설가 박호재 씨도 등나무집에 대해 남다른 추억을 갖고 있다. 그는 그 무렵 발표한 자전적 중편 「야간주행」에서 등나무집의 피끓던 문예운동 시절을 이야기하기도 했다. 그는 "더러 치기와 서두름이 없는 건 아니었지만 밤새워 집단 창작을 하고 걸개 밑그림을 그리던 젊은 예술가들의 모습은 정말 감동적이었다"고 회고했다.

등나무집에는 5·18광주민주화운동을 기점으로 해서 1980년대 내내 이어지던 시국사건들의 그 뜨겁고 처절했던 사연들이 생생히 아롱져 있기도 하다. 특히 6·10이나 대학생들의 분신정국에서 독재정권에 항거하던 광주의 젊은이들이 최루탄 연기에 소주를 섞어 마시며 슬퍼하고 분노했던 눈물과 땀이 배 있다.

이제 등나무집은 새 시대를 맞아 자랑스러운 역사의 현장으로 세인의 관심을 끌고 있다. 올 4월의 '등꽃제'는 어느 때보다 즐겁고 환한 잔치판이 될 것 같다.

불로다리 밟기

불로동 이야기가 나왔으니 불로다리 세시풍속을 또한 지나칠 수 없다. 불로다리에서는 예로부터 정월 대보름날 '다리밟기'놀이가 이어져 내려왔다. 일제 강점기에 사라졌다가 근래 복원되어 간간이 행사가 치러지고 있다. 20여 년 전 광주 동구문화원에서 부활시킨 다리밟기놀이에 동참했던 기억이 있다. 그때의 참관기를 신문에 게재했었는데 그 기사를 인용한다.

지난 주말 불로(不老)다리 밟기 행사에 갔었다. 불로다리는 광주 사직공원 근처 광주천에 걸린 다리로 정식 명칭은 부동교(不動橋)다.
 부동교는 일제 때 붙인 이름으로 의미가 애매하고 딱딱해 이 동네 사람들은 옛 마을 이름대로 불로다리라고 흔히 부른다. 이 불로다리에서 이월 하드렛날을 잡아 다리밟기(踏橋)놀이가 벌어진 것이다.
 광주 동구문화원이 마련한 이 마당에는 많은 인파가 몰려 오랜만에 접해 보는 우리 민속을 마음껏 즐겼다. 본시 다리밟기는 정월 대보름날 하는 풍습이지만 동구문화원은 여러 행사가 겹치는 바람에 하드렛날로 늦춰 잔치를 벌였다.
 시기가 좀 틀렸기로 어쩌랴, 봄밤에 유서 깊은 다리 위에서 펼쳐진 다채롭고 재미있는 민속놀이는 판에 낀 사람이나 구경꾼들에게 다같이 흐뭇한 정감을 안기면서 성대하게 치러졌다. 무엇보다도 불로교(不老橋)에 제 이름 값을 찾아주었다는 점에서 또 다른 의미를 새길 수 있었다.
 이현채 동구문화원장은 "옛 추억을 돌이키려는 노인들이나 오실 줄 알았는데 젊은이나 가족 단위 참가자들이 예상 밖으로 몰려 들어 정리하는 데 애를 먹었을 정도였다."며 "우리 것을 되살리려는 의식이 널리 번지고 있는 것을 확인해 매우 반가웠다."고 소감을 밝혔다.

다리밟기는 잘 아는대로 다리를 밟음으로써 건각(健脚)을 갖게 된다는 유감주술(類感呪術)적 무격과 서방정토에 무사히 건너가기를 발원하는 불교적 기복이 담겨 있는 대중적인 민속이다. 이날 불로교를 밟으면서 광주 향민들은 늙지 않고 평안히 살자는 좋은 소망을 다졌을 것이다.

그런데 이 불로다리에는 세월이 애환이 유난히 많이 얽혀 있다. 부동교는 광주의 근대화를 지켜본 산 증인이라는 말을 광주 풍물박사 박선홍 씨가 한 적이 있다. 그의 명저 『광주 1백년』에 보면 광주 근대사를 풀어가는 굽이굽이에 이 부동교가 등장한다.

가령, 건천(巾川) 또는 조탄강(棗灘江)이라 불렀던 광주천을 가로지른 최초의 신식 다리인 부동교는 그를 경계로 큰 장 작은 장이 나뉘었는데 이 장터는 온갖 물산이 거래되는 근대화의 요람이었으며 3·1만세 운동이 일어난 본거지이기도 했다. 사직공원에서 양림동으로 돌아가는 모퉁이를 꽃바심이라 했다…는 등 다양하다. 역사의 다리밟기, 내년 이맘 때가 기다려진다.

관덕정(觀德亭) 습사(習射)

복더위가 역대급이라는데 절기는 지엄한 것. 점잖게 복지부동하고 있으면 낼 모레 가윗날이 닥치고, 좀 엎드려 있자면 또 아이구 추워 사삭떨어댈 손돌이가 올 거고, 이래저래 중생살이 염량세태 아니던가.

이럴 때 위장부라면 한 술 더 떠서 까짓것 걷어붙이고 염천 복판에 떡 버티고 설 일이다. 그리고 가슴 벅차게 한 시위 땡겨 볼 일이다. 활 이야기다.

　활은 최종 병기일 뿐 아니라 끝판 풍류다. 애초에 풍류라는 말이 신라 화랑의 활통에서 나왔다면 말 다했지 뭘. 굳이 고구려 무덤벽화나 동이족(東夷族) 족보를 들먹일 필요도 없겠고.

　양궁과 구별해 국궁(國弓)으로 불리는 전통 활쏘기가 아직도 명맥 정정하다. 현재 전국적으로 습사(習射)를 하는 사장이 3백 군데를 헤아린다. 이 살터에서 단오 추석 명절은 물론, 평상시에도 씩씩하게 시위를 당기는 궁사들이 장사진이다. 그뿐 아니라 골수 사벽(射癖)들은 밤에도 사정에 불을 밝히고 야사(夜射)를 즐긴다. 요즘에는 꼬맹이나 아낙네들까지도 가까운 활터에 모여들어 다채로운 국궁체험 프로그램에 참여하며 호연지기를 배운다는 반가운 소식이다.

　김장배 시인의 「과녁」이라는 시조 한 마디를 메기고 가자.

　　겨운 날 활터에서 낯선 활을 당겨본다
　　번번이 빗나가다 운이 좋게 다가가도
　　내 인생 한가운데는 맞출 수가 없었다.

　광주천 옆 사직공원에 있는 관덕정은 광주의 대표적인 사정(射亭)이다. '관덕(觀德)'은 『예기(禮記)』의 「사의(射義)」편 "차가이관덕행의(此可以觀德行矣, 활쏘기로 덕행을 살필 수 있다.)"라는 구절에서 유래했다(그래서 전국적으로 관덕정이라 이름의 활터가 많이 있다). 활쏘기는 조선 초기부터 사대부 사이에서 심신 수련의 방편으로 널리 퍼졌고 임진왜란 이후에는 일반에도 유행해 전국에 활터가 많이 생겨났다.

　신숙주가 쓴 「희경루기(喜慶樓記)」에 "1451년에 태수 안철석이 공북루

(拱北樓)를 중건하면서 그 동쪽에 관덕정이라는 사장을 두었다."고 적혀 있어 그 유구한 역사를 알게 한다. 1895년 『광주읍지』의 지도에는 동오층석탑 옆에 사정이 나와 있는데 그 이후의 활터 위치는 확실하지 않다.

지금의 관덕정과 활터는 1963년 민관이 협력하여 사직공원 북쪽에 4,200㎡ 규모로 마련했다. 광주의 대표적인 국궁장(國弓場)인 관덕정은 현대식 건물이지만 부드러운 처마 곡선과 서까래 모양의 구조물을 배치하여 전통미를 살렸다. 2017년에 전통과 현대가 잘 어우러진 건축물이라 해서 국가등록문화재 제694호로 지정됐다.

관덕정에 들어서면 습사(習射)에 임하는 마음 자세를 일깨우는 '궁도 9계훈' 등의 경구들이 먼저 속인을 주눅들게 한다. 앞에 펼쳐진 1,600평의 널찍한 터를 가로질러 145m 떨어진 저만치에서 가로 2m, 세로 2.67m 규격의 직사각형 과녁이 이쪽을 꼬누고 있다.

사대에 들어서서 가슴을 펴고 다리를 벌린 뒤 심호흡을 하고 가상의 활을 걸어 본다. 외워둔 사법(射法)대로 습사를 한다.

활을 쥔 손으로는 태산을 밀듯[前推泰山], 시위를 잡은 손은 호랑이 꼬리를 잡은듯[後握虎尾]… 몸을 곧추세우고 과녁을 정면으로 바라보며 발은 丁자도 아니고 八자 모양도 아니게 적당히 체형으로 벌려 서되, 두 발에 고루 중량을 싣고… 다리통에 단단히 힘을 넣어 불거름은 팽팽하게… 가슴통은 완전히 비우고 턱은 꽉 당겨 들리지 않게…

숨을 멈추고 지그시 시위를 놓는다. 피웅 소리와 함께 긴 포물을 그리며 영원 같은 시간을 건너 살이 난다. 이윽고 정곡에 살이 박히는 소리가 정녕 심멋이다. 사동이 관중(貫中)이요! 소리 지르며 고전기(告傳旗)를 흔든다. 때맞춰 향연을 준비한 동사들이 지화자~ 노래 부르며 명중을 축하한다.

활과 관련한 퀴즈 한 꾸리. 선사(善射)로 이름난 정조대왕이 50살 가운데 49살을 명중한 것이 열두 번인데 50살을 다 맞춘 적은 없다. 왜 그럴까. 답: 완전 경지에 한 번 이르면 그 다음은 없기 때문.

사정은 활만 쏘는 터가 아니었다. 그야말로 갖은 풍류도가 펼쳐지는 도량이었다. 향제줄풍류니 하는 음악 공연이며 상부상조의 미풍인 향음주례(鄕飮酒禮)도 이곳에서 펼쳐졌다.

풍류인이라면 이런 답답한 날에 가까운 활터에 가서 시원하게 몇 살 날려 볼 일이다. 그러면 더위 눌린 가슴이 가을 하늘마냥 훤히 뚫리리라.

한 여전사의 성채

광주천변 방림동의 허름한 옥탑 단칸방.

이금주 여사의 살림집이자 태평양전쟁피해자유족회 본부였다. 늘 단아한 옷차림에 너볏한 귀인 풍모, 유창한 일본어를 구사하며 일본 측 재판관들과 당당히 겨루던 언변, 오랫동안 많은 회원들을 일사분란하게 지휘하는 활동력 등으로 미루어 적어도 괜찮은 사무실 한 칸쯤은 갖추었으려니 했는데 그게 아니었다. 세 평 남짓한 방에 책상 하나와 전화기 한 대, 팩스 한 대가 살림살이의 전부였다. 이 좁은 아지트에서 그 많은 재판투쟁, 출판사업, 학술대회, 시위활동이 조직되고 전개되었던 것이다.

2002년 가을 어느 날, 한복을 곱게 차려입은 할머니 두 분이 나를 찾아왔다. 그적 처가 찻집을 해 살림을 돕고 있었는데 어떻게 수소문을 했는지 그분들이 그쪽으로 오셨다. 최순덕 여사와 이금주 여사였다.

두 분은 언제나처럼 한복을 곱게 차려 입고 다정한 자매의 모습으로 다소곳이 자리에 앉으셨다. 얼마 전 두 분을 소재로 기사를 낸 적이 있었는데 그에 대한 인사로 밥이나 한 끼 대접하려고 들렀노라고 하셨다.

최순덕 여사는 1929년 광주학생독립운동 당시 광주여자고등보통학교(현 전남여고)에서 일어난 전교생 시험거부운동인 '백지동맹'을 선도한 항일독립투사이고, 이금주 여사는 일제하 강제동원 피해자유족회를 이끌며 진상규명과 배상투쟁을 주도해 오는 당대 투사이시다.

최 여사는 당시 구순이었는데 자신의 독립운동 공적을 국가로부터 공식적으로 인정받지 못해 안타까워하고 있었다. 국가보훈처에서 '백지동맹' 주도의 구체적 증거와 증언이 부족하다는 이유를 내세워 독립유공자 지정을 미루고 있다는 것이었다. 그동안 팔 남매를 기르며 집안을 돌보느라 당신의 이력을 챙길 겨를이 없는 데다 그게 뭐 대단한 일이라고 중 제 머리 깎듯 나서랴 싶어 내버려두었는데 만년이 되니 역사적 사실이라도 밝혀두어야겠다는 생각이 들더라는 게 최 여사의 토로였다. 뒤늦게 증언을 챙기려 하니 같이 활동했던 이광춘 여사 등 옛 학우들이 죄다 고인이 된 데다 당시의 활동 기록들도 남아 있는 게 없어 '구체적 증거와 증언'을 제시하기가 난감한 처지였다.

최 여사보다 열 살 아래인 이금주 여사는 신혼 단꿈에 젖어 있던 1943년에 신랑이 태평양전쟁에 강제징용 되어 전사한 뒤 외아들을 기르면서 청상으로 간난의 세월을 살아온 대표적인 일제만행의 피해자다. 중년에 최 여사를 만나 함께 종교활동과 신협운동을 해오며 친자매처럼 우의와 사랑을 가꾸어왔다.

1980년대부터 태평양전쟁피해자유족회를 만들어 강제징용자 유족, 근로정신대피해자 등의 진상규명과 배상운동을 가열차게 전개했는데 특히 일본을 백여 차례나 오가며 미쓰비시철강회사 근로정신대 배상 재판투쟁을 주도해 일본과 한국에서 철혈여성으로 명성을 날렸다.

나는 이분들의 사정을 〈전남매일〉 지면에 몇 차례 반영했는데 그 인연으로 분에 넘치는 대접을 받기에 이른 것이다.

맛깔스런 갈치조림으로 점심을 푸짐하게 공양받았다. 차를 한 잔 권했더니 이 여사는 거침없이 "난 커피." 하시는데 최 여사는 좀 망설이셨다. 처가 "그럼 보이차로 하시지요. 따땃하고 부드러운께."하고 추천하자, "응? 뭔 차? 그럼 그걸로 줘 봐." 하셨다. 최 여사는 조심스레 차를 홀짝이시더니 "거 참말로 따땃허고 맛나네 잉."하며 흡족해하시는 거였다.

따땃한 정담을 나누고 그분들이 가신 뒤 무심코 둘러 보니 의자 한 켠에 하얀 봉투 하나가 놓여 있었다. 이른바 '찻값[茶代]'이었던 것이다. "어허 이 양반들이…" 고마움과 씁쓸함이 교차하는 탄식을 거듭하다가 이리저리 물어서 거처를 알아낸 뒤 곧바로 행차를 했다.

방림동 단칸방 태평양전쟁피해자유족회 사무실에서 이금주 회장을 비롯한 회원 너댓 명과 유족회의 활동에 대한 이야기를 나누며 일론과 한국의 정치인들을 향한 비분과 강개를 타서 허물없이 막걸리를 나눠 마셨다. 해 질 녘이 되어 자리에서 일어설 때쯤 나는 꽤나 거나해져 있었을 것이다. 물론 가져간 봉투를 책상 아래에 놓아두는 것은 잊지 않았지만.

얼마 뒤 두 분이 다담에 다시 나타나셨다. 이번에는 봉투 대신 작은 과일바구니였다. 감사히 받았고.

저번과 같은 수순으로 진행되어 차 때가 되었다. 이 여사는 군말없이 커피였고 이번에도 최 여사는 잠시 더듬거리시다가 "접 때 그걸로." 하셨다. 나는 장난기가 발동해서 "저번에 뭘로 드셨더라? 아, 차 이름을 확실히 말씀하시씨요."하고 짐짓 다그쳤다.

최 여사 소녀처럼 얼굴을 붉히시더니 기어들어가는 목소리로 주문을 하는데, "거, 말허기가 영 옹삭스런디… 뭐라드라, 차 이름이 어째 그런가 모르겠드라, 보지찬가 뭔가, 그거."

아 보짓차!

그 뒤로 보이차를 앞에 두면 그분들의 얼굴이 떠오른다.

최순덕 여사는 2013년 7월 독립유공자 지정의 소원을 끝내 이루지 못한 채 향년 103세로 영면하셨고, 이금주 여사는 2018년 한국 대법원의 전범기업 대상 손해배상 확정 판결을 이끌어내며 일부나마 숙원을 풀고 2021년 12월 향년 101세로 별세하셨다. 2019년엔 일제 강제징용 피해자들의 인권을 위해 헌신한 공로로 대한민국인권상과 국민훈장모란장도 받았다.

얼마 뒤 유족회에서는 '국적포기서 제출'라는 기발하고도 호소력 있는 투쟁을 전개했다. 나도 이에 동참해 기사로써 국민포기각서를 제출했던 것이니.

국민포기각서를 제출합니다.

광복절을 앞둔 8월 13일, 2백여 명의 한국 국민들이 한국 국적을 버렸다. 이런 일이 다 있는가.

다른 국적을 취득하지 않은 상태에서 스스로 자국의 국적을 포기했다는 얘기는 고금동서를 통해 들어본 적이 없다. 더군다나 그 당사자들이 일제에 조국의 국적을 빼앗기고 식민의 처절한 고통을 겪은 태평양전쟁 희생자들이라니. 그토록 갈구하던 독립대한의 국적을 되찾은 지 어언 60년인데 이제 그 국적을 제 손으로 땅에 팽개치다니, 이런 기막힐 일이 어디 있단 말인가.

나라가 없어 죽고 다쳤던 이들이 되찾은 나라를 다시 버렸다.

일제가 일으킨 전쟁에 강제로 끌려가 성노예로, 막일꾼으로, 총알받이로, 부림당하고 죽임당한 한국인 희생자와 유족들은 광복 58주년을 맞아 한국정부에 2백여 명 연대의 '국적포기서'를 제출했다. 그리고 "반세기가 훨씬 넘도록 일제만행의 진상 규명과 피해배상 노력을 기울이지 않는 나라는 이미 우리들의 나라가 아니다."고 선언했다.

물론 이 국적포기서는 절차상 받아들여지지 않았다. 하지만 나라를 등진 이들의 마음에 이미 믿고 기댈 조국은 없을 것이다. 또다시 한맺힌 무국적자가 된 것이다.

청와대 앞에서 경찰과 실랑이 하는 장면이 TV에 떠오른 이금주 태평양전쟁 희생자유족회장의 얼굴은 유난히 참담해 보였다. 이금주 여사는 광주 변두리의 단칸방에 유족회사무실을 차려놓고 20년 동안 일본을 상대로 전쟁피해배상 소송투쟁을 전개해 온 분으로 그동안 고령을 무릅쓰고 일본을 오간 횟수만 해도 무려 백 차례가 넘는다.

그의 외로운 투쟁을 돕고 있는 이들은 그러나 엉뚱하게도 일본인들이다. 이 여사의 열성과 집념에 감복한 일본 현지의 변호사들이 적극 나서서 소송절차를 돕고 한국에 와 조사 청취 활동까지 해오고 있다.

정작 책임을 지고 역사적 숙제를 풀어야 할 한국정부나 정치인들은 지금까지 일말의 관심조차 보이지 않으면서 모르쇠로 일관해왔다. 원고국 국민들은 입을 다물고 피고국 국민들이 원고 측을 돕는 웃지 못할 블랙코미디가 내내 연출되었다.

그런 판에 얼마간 기대를 걸었던 새 정부마저 당초 약속을 저버리고 일본의 극우물결에 되레 추파를 던지는 꼴을 보자 이금주 여사의 가슴은 급기야 야속함을 넘어 환멸감으로 터져버린 것이다.

이런 나라의 국민 노릇 나 그만하겠소!

억울한 일제 피해자들의 단말마적 외침을 듣고 있노라니 새 정부의 수반이 얼마 전 대통령 노릇 못해먹겠다고 했던 에피소드가 역으로 생각난다. 대통령의 진의야 헤아릴 길 없지만 당시 세간에는 당신이 아니라 우리가 국민 노릇 못해먹겠소, 하는 비아냥이 떠돌았었다. 그랬는데, 이제 정말로 국민포기서가 제출되는 사태가 현실에서 일어난 것이다.

이쯤해서 필자 개인의 소회를 늘어놓자면, 나 역시 국민포기각서를 쓰고 싶은 요즈음이다. 불초야 공사 간에 특별히 나라에 야속한 사연도 없고, 도리어 불성실한 생활로 동시대의 공동체 삶에 누를 끼치고 살아온 편이어서 나라에 감사하고 송구스러워해야 할 입장이다. 그럼에도 국적을 반납하고 이른바 '니힐'하게 존재할 수 있다면 그러고 싶은 심정이다.

그 몇 가지 이유 가운데 가장 큰 것이 도대체 나라는 인간의 자리가 작금의 국민 공동체 속에서는 찾아지지가 않는다는 데 있다. 다분히 나의 모호한 정체성 때문이겠지만, 보수니 진보니 해서 허구헌 날 사사건건 편싸움을 하고 있는 틈바구니에서 어느 편에도 끼지 못하고 안절부절 당혹해 있는 게 내 현재의 초상이다. 온 나라가 두 조각으로 쪼개져서 서로 물어 뜯을 듯이 으르렁대고 있는 극한 대치상황 가운데에 매사에 흐리멍텅 무량태수인 불초가 거할 좌표는 없다.

국가경제를 망칠 거냐는 자본가 측의 매도와 언제까지 일한 몫을 착취할 거냐는 노동자 측의 호소, 그 어느 편에도 나는 선뜻 손을 들지 못한다. 참된 교육을 실현하기 위해 제도와 풍토를 뒤엎자는 전교조의 주장과 교단의 안정을 도모하면서 서서히 가자는 교장단의 변설, 그 어느 쪽에도 나의 본심은 확실히 동조하지를 못한다.

굳이 갖다 붙이자면 온정주의자나 인본주의자라고 해야 할 나는 체질적으로 이념싸움이나 물질경쟁에 다 같이 두드러기를 일으킨다.

　성조기를 불사르는 쪽이나 인공기를 태우는 쪽, 어디에도 나는 신념 있게 합세하지 못한다. 고백하건대 나는 어중이 떠중이다. 나는 회색분자다. 나는 무적인(無籍人)이다.

　나는 당연히 유권자 포기각서도 써야 한다. 선거 때마다 최선이 아닌 차선선택을 해온 나의 한 표는 한번도 귀중한 영향력을 행사해 보지 못한 채 늘 사표(死票)로 썩었다. 우리 동네 시장을 뽑는 데마저 나의 표는 이상한 술수에 휘말려 전혀 역할을 하지 못했다.

　시민 포기각서도 당장 제출해야 한다. 30년을 살아온 신문쟁이 생활도 나는 제대로 했는가 늘 가책에 휩싸인다. 나는 불의에 당당히 벋서지도 못하고 진실을 냉철히 마주서지도 못한 채 휘청휘청 밥줄을 이어왔다. 그렇다고 작금 난장이 된 신문판에 뛰어들 염사는 없다. 늦게나마 언론인 사표도 던져주는 바다.

　불초소생은 예술인의 거리 출입도 금지당해야 한다. 어쩌다가 그 골목에서 어정거리다 보니 문화예술인들과 섞여 동색인 양 비비대는데 실인즉 문자도 예자도 튀지않은 순 날 술건달일 뿐이다. 또한 멋도 낭만도 없고 돈과 명예에 함몰된 요즘의 문화예술판에는 솔직히 끼고 싶은 마음은 없다. 예술의 거리 출입증도 반납한다.

　이제 가장(家長) 사표를 쓸 차례다. 이미 부모를 높이지 못하고 스스로 관리를 못하고 새끼마저 제대로 가르치지 못한, 삼불죄(三不罪)를 업으로 쌓았으니 가장 자격은 자동박탈 되었거니와 마지막 의무인 생계마저 감당을 안에다 미뤘으니 어서 포기각서를 올려야 한다.

　요컨대, 나에게 명령한다. 사표 쓸 기회마저 잃기 전에 어서 '인간사표'를 써라!

세느강 노천카페

천변에 늘어선 포장마차도 광주천의 손꼽히는 풍물이다. 우리들은 멋을 좀 부려 세느강 노천카페라 불렀다. 이 별칭을 고은 시인이 특히 좋아했다. 그분이 광주에 내려오면 이곳을 즐겨 찾았다.

내게 연락이 닿아 "예의 그 세느강 좌안 카페에서 뵈면 어떨까요?" 하면 껄껄 웃으시며 "좋아 좋아, 한형 멋져부러." 하시곤 했다. 강연균 화백, 황지우 시인 들과 더불어 몇 번 어울린 기억이 있다.

기중 번화가는 역시 광주공원 앞 광장이었다.

국밥집, 잔술집, 생맥주집 등이 다채롭게 몰려 있는데 인기는 단연 잔술을 파는 포장마차였다. 꾼들은 심야까지 포장집에서 잔술을 푸다가 새벽이면 국밥집에서 해장을 했다. 그리하여 광주의 세느강 노천카페는 본토 파리와는 달리 사시사철 연일 불야성을 이루었던 것이다.

그날따라 평소보다 늦게까지 포장카페에 머물렀다. 어릴 적 고향 죽마고우가 어쩌다 낙백하여 광주천 다리 밑에서 지내고 있었는데 직장이라도 차고 있던 내가 가끔 찾아가 위로술을 사곤 했다.

양림교 다리 밑은 여름엔 시원하고 겨울엔 따뜻해 어려운 처지의 사람들이 제법 모여 있었다. 삼학소주 됫병 하나와 라면 서너 개면 거한 잔치판이 되었다.

친구와 나는 2차로 세느강 노천가페에 갔다. 거기에서 밤늦게까지 잔을 기울이다가 집으로 초청을 했다. 친구는 우리 어머니 볼 낯도 없고 다리밑이 편하다며 한사코 사양을 했지만 억지로 끌다시피 해서 동행을 했다. 집에서 정담을 나누다가 어머니가 봐주신 안방 잠자리에서 어릴적 처

럼 사이좋게 잠들었다.

아침에 깨어 보니 친구는 가고 없었다. 해정국까지 끓여 놓았는데 아침이나 들고 가지, 하며 안쓰러워하는 어머니의 입다심을 들으며 그의 앞날이 다시 밝아지기를 속으로 빌었다. 잠시 뒤 어머니의 나지막한 중얼거림이 들려온 것은 한참 시원하게 콩나물국으로 속을 풀고 있을 참이었다.

"워매, 야 사정이 많이 어려운 갑네, 그려. 머리맡에 벗어 놓은 내 가락지가 안 보여야. 처녀 때 동무들이랑 변치 말자고 약조함시로 정표로 장만한 가락진디. 오십 년 넘게 간직해왔는디 좀 아깝네…"

노천카페는 여러 용도로 쓰였다. 이용자들도 다양했다. 나는 신문사 기자생활을 하면서 20년 넘게 연극도 했는데 내 데뷔무대가 광주공원 내 시민회관이었다. 광주연극계의 선구자라 할 조선대 조우현 교수가 이끌던 극단 '시민'에 참여해 뮤지컬〈판타스틱〉의 주인공 역으로 첫 무대에 섰다. 광주공원 안 시민회관에서 어줍잖은 데뷔를 치르고 흥분에 휩싸여 왁자하게 쫑파티(뒷풀이)를 한 곳이 바로 이 광주천 노천카페였다.

광주공원 안에는 4·19기념탑이 있는데 해마다 기념탑에 참배를 마치고 하는 음복(飮福)도 물론 이 자리에서 치러졌다. 광주공원에는 당시에 4·19기념관도 들어서 있었는데 이홍길·김영용 선생 등 4·19혁명 주도자들을 모시고 자주 국밥집에서 회고담을 들었다.

민주화운동 본거지이기도 했다. 재야인사나 운동권 학생들도 이곳에 모여들어 일을 꾸미고 성과를 평가하고는 했다. 1980년대 임수경 선생의 방북 사건 뒤에 전남대 운동 학생들, 이태호 교수·황지우 시인·김경주 화백 등과 함께 국밥집에 모여 시국을 논하고 울분을 토로하고 구호를 외치고 했던 삽화가 지금도 뇌리에 선명히 떠오른다.

광주공원 앞 너른 터에는 각종 집회가 열리고 바로 옆에 있는 구동체육관도 쉴 날이 없었기 때문에 노천카페가 사철 내내 붐빌 것은 당연했다. 광장을 둘러싸고 늘어선 국밥집에서 요기를 하고 집회가 끝난 뒤 번개처럼 가설된 포장집에서 잔술을 기울이는 게 이 노천카페의 매뉴얼이었다.

술고래들이 꾀어 있기로는 언론판이 또 둘째가라면 서러워한다는 건 잘 알려진 사실. 간밤에 장취한 기자들이 해정을 하러 꼭두새벽에 물안개를 헤집고 광주천변으로 허구헌 날 기어들었다. 그 단골 중에 하나가 〈전

남매일〉 주필을 지냈던 이강재 선생이었다. 이 선배님은 곧은 언변으로도 유명했는데 그날도 작취미성인 채로 국밥집에서 취기를 풀고 계셨다.

회사에 급한 일이 생겨 당시 새내기이던 김진영 기자가 모시러 왔더란다.

"주필님, 사장님께서 급히 찾으십니다. 그만 가시지요." "뭐? 사장가 먼디 감히 주필님을 오라 가라 해. 저보고 오라고 그래. 주필님 술 마치고[酒畢] 가든지 말든지 한다고 전해." 그랬는데 호방한 심상우 사장님께서 허허 웃고 넘어갔다던가 어쨌다던가.

그 언론계 미풍양속을 해칠세라 기자도 하루가 멀다고 광주천변을 드나들었다. 아무려나 세느강 카페의 진면목은 눈 퍼붓는 겨울 아침에 드러난다. 함박눈 퍽퍽 퍼붓는 동지섣달 신새벽에 뜨끈한 콩나물국밥 돼지애기보 갖춰 놓고 씨언한 삼학쐬주 대크라쓰로 한 잔 꺾는 재미!

주당들의 이 지상낙원에 항상 호사만 있는 것은 아니었다. 가끔 마가 끼기도 했다. 큰 사고가 터져 지상낙원이 아예 피안의 극락이 될 뻔한 게 1978년 연말께. 그날 회사 동료들과 기분을 내고 심야에 카페를 찾아 마무리를 한다는 게 살짝 오버했던 모양. 그때 짝사랑하던 여자 단원의 집이 그 근처라 객기에 울 밖에서 이름이라도 불러 보려고 길을 나섰겠다.

하필 눈이 오지게도 퍼부어 지척도 분간 못하는 판에 술이 떡이 되어 밤 숲길에 들어섰으니 결과는 뻔할 뻔 자. 길을 잃고 헤매다 에라 모르겠다고 후북 쌓인 눈 속에 큰대자로 누워버리고 말았다. 그다지 춥지도 않고 의외로 포근하다고 느끼면서 살바토네 아다모의「눈이 내리네」를 흥얼거린 것까지는 기억에 아물아물한데…

뱃가죽이 세게 당겨지는 통증에 어렴풋이 정신이 들었는데 귓가에 두

런두런 사람들 말소리가 들렸다. 무슨 사단이 벌어진 건 같은데 섣불리 눈은 뜨지 말고 상황을 좀 파악해보려고 귀를 바짝 세웠겠다. '아이고 이놈아 정신 좀 차려라. 선생님 우리 아들 좀 살려주씨요.' 이건 우리 엄니 목소리 '특별히 다친 데는 없으니 기다리면 의식을 회복할 거니 너무 걱정 마세요.' 이분은 의사인 거 같고. '도대체 얼마나 처마셨길래 눈 속에서 잠을 자. 너희들은 좀 챙기지 동사할 지경까지 동료를 방치해?' 이크 이건 부장님 목소리.

살짝 실눈을 뜨고 살폈더니 의사, 어머니, 부장님, 동료 들 얼굴이 보이고 주변이 어수선한 것이 병원 응급실이 분명했다. 아까의 뱃가죽 통증은 의식이 돌아왔나 확인하려고 의사가 내 뱃가죽을 잡아당긴 것이겠고. 이거 큰일 났구나. 계속 혼수상태인 척하면서 변명거리를 연구해두자, 잔머리를 굴린 다음 눈을 다시 꼭 감았다.

얼마나 지났을까, 몹시 갈증을 느꼈는데 무언가 입에 물려져 있어서 나도 모르게 쪽 빨았다. 시원한 우유였다. "오매, 우유를 빠네. 우리 아들 살았네." 어머니가 환호작약 하셨고. "음, 괜찮은 모양이구만. 한 기자 너 이놈 빨리 일어나서 회사로 바로 와 기사 써. 시말서도 써. 자, 모두들 가지." 부장님이 안도 섞어 일갈하고 동료 기자들과 함께 자리를 떴다.

나는 응급실 침대 위에서 몸을 일으키고 좀 겸연쩍은 표정으로 어머니가 물려주고 있는 팩우유를 마저 빨고 있었고. 전말은 간단했다. 나는 짝사랑 여인의 집 앞 백 미터 전에서 함박 눈이불을 덮고 포근히 잤고 새벽 신문배달 소년이 발견해 병원 응급실로 이송되었던 것이다. 하마터면 피안에서 극락을 누릴 뻔했지만 노천카페의 박카스신이 붙들어 지상에 당분간 더 머물게 되었더라.

버드실 문화특구

광주천변에 위치한 양림동을 '광주의 문화특구'라 지칭하는 데 이의를 제기할 사람은 많지 않을 것이다. 양림동은 사직공원과 접해 있어서 우리의 전통문화를 대표하는 데다 기독교 선교활동의 본거지로 서양문화가 이르게 꽃핀 지역이다. 그야말로 전통과 현대가 잘 어우러진 문화동네라 할 만하다.

지금은 양림동 펭귄마을이니 해서 전국적으로도 유명한 역사문화투어가 되어 있다. 초창기 선교활동 유적이며 이름난 활동가들의 기념관, 다양한 형태의 미술관, 진귀한 건축 문화재 등이 널려 있어 사철 국내외 방문단들의 발길이 끊이지 않는다.

나는 10여 년 전부터 주말이면 양림 역사문화마을에서 놀기 버릇했다. 내 포행코스는 대개 사직도서관, 조아라 기념관, 양림미술관, 이장우 가옥, 한희원 미술관, 강행복 공방 등으로 이어졌다.

나는 이 장소를 돌면서 책을 빌리고, 전시작품을 감상하고, 선인들을 추억하고, 커피를 얻어 마시고, 지인들과 대화하고, 거나하게 뒷풀이를 하면서 하루 종일을 빈둥댔다.

소심당(素心堂) 조아라(曺亞羅, 1912~2003) 여사의 기념관에 들를 때마다 그분의 거룩한 발자취를 되새기면서 숙연해지곤 했다. 그분의 활동은 너무 잘 알려져 있어서 새삼 되뇌일 필요는 없겠고 일화 한 꼭지를 소개할까 한다.

1980년 5·18광주민주화운동과 관련된 가슴 아픈 삽화. 조여사는 5·18 때 수습대책위원회 활동을 하다가 국가보안법 위반죄로 광주 상무대 영창에서 6개월간의 옥고를 치렀다. 군부는 그 재판의 피고인 최후진술 때 기자들의 방청을 허락했다.

나는 당시 〈전남일보〉 문화부 기자로 일하고 있었는데 때마침 군부 출입기자가 유고였던 차라 내가 자청해서 취재하는 행운을 얻었다. 재판정은 법대에 늘어선 근엄한 표정의 군법관들, 방청석 사이사이에 열중쉬어 자세로 경계하고 있는 싸늘한 눈빛의 헌병들로 인해 고요하고 삼엄한 분위기가 흘렀다.

조 여사가 맨 먼저 최후진술에 나섰다. 당시 68세로 고령인 데다 계엄군의 심문에 시달려 초췌해진 모습의 조 여사는 가녀리지만 칼칼한 목소리로 입을 열었다. 진술을 다 기억하지는 못하는데 첫 대목만은 잊을 수가 없다.

"옛말에 입은 삐뚤어졌어도 피리는 바로 불어야 한다고 했습니다. 나는 확실히 말합니다. 명백히 단언하건대 시민군과 수습대책위원들, 광주시민은 법정에 서야 할 피의자가 아니라 이 사태의 피해자입니다."

절절하게 이어지는 조 여사의 호소에 법대의 재판관들이야 표정 하나 바꾸지 않았지만 기자석이나 방청석에서는 눈시울을 적시는 이가 많았다. 심지어 도열한 헌병들도 눈물을 참느라 눈을 껌뻑거리는 게 보였다.

명노근 교수는 "이런 터무니없는 재판을 보니 예수님을 십자가 형에 처한 빌라도의 법정이 떠오릅니다. 내 딸아이가 대학에서 법을 공부하고 있는데 딸에게 무엇을 배우라고 해야 할지…" 이 대목에서 명 교수는 딸이 생각났는지 기어이 말을 잇지 못한 채 울먹이기 시작했고, 그 뒷자리에서 송기숙 교수는 "어이 노근이, 울지마. 그만 그쳐."하면서 수습에 애쓰고 있었다.

당시 언론 통제로 보도도 하지 못할 취재를 마치고 회사로 돌아와 동료 기자들과 함께 단골 구멍가게 해남상회에 가서 쥐포에 맥주를 까며 취재기를 들려줬다. 그리고는 얼큰해지자 객기가 발동해 저녁에 사장님 댁으로 쳐들어갔다. 사장댁 거실에서 양주가 곁들여진 거한 술판이 벌어져 밤늦도록 장취했다. 사장님은 나의 비분강개에 찬 횡설수설을 들으면서 묵묵히 술잔만 기울이셨다. 언론 현실에 대한 자탄으로 마무리가 되는 분위기였는데 나는 결국 "이따구 신문기자 낼 당장 때려치우것써." 어쩌구 하면서 사장댁 거실에 오줌을 갈겨버렸겠다. 혼비백산한 사모님은 말할 것도 없고 모두들 황망중에 서둘러 해산을 했다. 술 깬 다음 날 불호령이 떨어질 걸 각오하고 전전긍긍해 있었는데 아무 기척이 없이 넘어갔다. 나중에 들으니 사장님 왈 " 문화부 기자놈이 뭔 군사법정에 취재를 가갖고 제물에 흥분하고 그런담. 그래도 가상한 데가 있잖아?" 그러셨다던가(이게 그 유명한 한술보 사장님댁 방뇨사건이다.).

버드나무 동네[楊林洞]의 고샅 길바닥에 이곳에서 살았던 이수복(李壽福) 시인(1924~1986)의 대표작 「봄비」가 아로새겨져 있다. "이 비 그치면 내 마음 강나루 긴 언덕에 서러운 풀빛이 짙어 오것다…"로 시작하는 이 절창은 고교 시절부터 내가 즐겨 외우던 시였다.

이수복 시인은 고등학교 3년 동안 나를 직접 가르친 은사이시다. 광주일고에서 영어를 가르치셨는데 인자한 표정에 털털한 차림으로 조용조용 강의하시던 모습이 눈에 선하다. 뛰어난 영어 강사인 줄만 알았는데 우리 서정시의 대표적인 시인이라는 것을 알았을 때 문학소년이었던 나는 한껏 커지는 존경심을 주체할 수 없었다. 예쁜 표지의 시집 『봄비』를 사서 밤새워 읽고 일기장에 꼬박꼬박 필사를 하기도 했다.

그러다가 이 시의 첫 대목이 고려 때 시인 정지상(鄭知常)의 한시 「송

인(送人)」의 모두(冒頭)인 우헐장제초색다(雨歇長堤草色多)와 비슷하다는 걸 어떻게 발견하게 됐다. 어린 치기에 이를 겁도 없이 선생님께 말씀드렸다. 선생님은 좀 놀란 듯하더니 너 이따가 점심시간에 교무실로 좀 오너라, 하셨다. 아차, 내가 실수를 했구나, 늦게야 뉘우치며 혼날 각오를 하고 선생님께 갔다. 예상과 달리 선생님은 만면에 웃음을 띠시며 독서를 많이 한 모양인데 이 시기에는 학과 공부에 충실해야 한다고 타이르셨다. 찬은 없지만 같이 먹자며 당신의 도시락을 나누어 주기까지 하셨는데 작품을 하다 보면 남의 것과 비슷한 표현이 나오는 수도 있다고 해명 아닌 해명을 덧붙이시는 것이었다.

그 뒤로 양림교회 옆에 있는 선생님 댁에 놀러도 가고 순이라는 따님과 눈을 맞추기도 해 학창 시절의 행복한 추억이 한 켜 더 얹어졌다.

남도 인심이 넘쳐나는 대동장터

광주천변에는 전라도에서 첫 손꼽히는 큰 장이 두 벌이나 섰다. 양동시장과 남광주시장. 양동시장은 1910년에 개장해 역사가 깊으며 규모도 크다. 호남의 곡창지대에서 나는 각종 풍성한 농축산물과 남서해안에서 건진 신선한 수산물, 보성, 화순 등지에서 재배된 특산물 등이 넘쳐났다. 거기에 목포, 여수, 군산 등 항구로부터 들어온 외국의 품질 좋은 공산품까지 합세했다.

양동시장은 날마다 밥상에 오르는 식제품은 물론, 집안 행사에 필요한 혼수용품과 제수용품을 거의 독점적으로 공급했기 때문에 5일마다 서는 장날에는 멀리서 가까이에서 밀려드는 고객들로 그야말로 성시(盛市)를 이루었다.

　종래에 전(廛)은 시계전, 포목전, 황아전(주머니끈, 대님, 갓, 안경 등 취급), 양품잡화전, 피복전, 건어물전, 신발전, 그릇전, 옹기전 순으로 벌여졌다. 이 중 가장 큰 거래품목은 곡성, 보성, 화순, 나주 등지에서 생산된 마포와 백목(白木, 무명베)이었는데 이 특산직물은 양동시장에 집하되어 전국에 공급되었다. 근자에는 닭전, 홍어전 등이 명성을 떨치고 1960년대 수산물공판장이 들어섬으로써 어물전이 활발해지기에 이르렀다.

　1960년대 후반부터 15년 남짓 우리 가족은 양동시장 인근에서 살았고 이모집이 닭전머리 바로 옆이어서 나는 시장통에서 많이 놀았다. 그래서 순깡촌 태생인 내게 장돌뱅이 기질이 섞이게 되었다.

　예로부터 우리네 장터는 그냥 물건만 사고 파는 상거래처가 아니었다. 떨어져 사는 동기들과 모처럼 만나 회포를 푸는 사교장이었고 온갖 문화행사가 펼쳐지는 대동마당이었다. 광주천변 자갈밭에는 장날마다 천막극장이 들어섰고, 장 모퉁이에서 차력사의 묘기가 펼쳐졌으며, 여기저기 전을 쓸고 다니며 각설이들의 장타령이 왁자했다. 말그대로 '문화난장'이었다.

　나는 초등학교 시절부터 이종사촌이나 동급생들과 어울려 나이롱극장을 자주 드나들었다. 거기에서 〈장화홍련전〉, 〈심청전〉, 〈흥부전〉, 〈춘향전〉 들을 창극으로 접하면서 내 안의 어릿광대를 키워갔다. 나이롱극장의 막간에는 어김없이 출연했던 누님들이 분장도 지우지 않은 채 자갈밭 객석을 돌며 에비오제, 만병통치약, 회충약 같은 것을 팔았다. 한 번은 아버지와 함께 양유교 아래 나이롱극장에 가서 〈장화홍련전〉에 빠져 있다가 아버지가 쓰리(소매치기)를 당한 불상사도 있었다. 장쇠라는 놈의 망나니짓에 분노하시다가 아버지가 그만 주의를 소홀히 하는 통에 순식

간에 벌어진 일이었는데 아버지는 입맛을 쩍쩍 다시면서 "거참, 비싼 굿 한 번 봤네 그려" 하시면서 허허 웃으셨다.

나는 어릴 적 시골에서 농악단을 따라다닌 습성으로 장터를 도는 각설이패에도 끼어 볼까 기웃거렸는데 분위기가 좀 무서운 데다 험악한 표정으로 내치는 바람에 포기해야 했다.

어쨌건 나는 이 양동시장의 난장판에서 상하귀천이 없는 대동(大同)의 신명이 무엇인지 조금은 체득할 수 있었다.

양동시장과 관련해 재미있는 일화가 있다. 19금급 가십거리라 좀 저어되지만 지나쳐가기는 못내 아쉬워 짤막하게 소개한다.

1977년 여름으로 기억하는데 당시 〈전남일보〉 사회부로 독자 제보가 들어왔다. 내용인 즉, 양동시장 곁에 있는 한 병원에 무슨 일이 있는지 사람들이 몰려 인산인해를 이루고 있다는 것이었다. 기자가 즉각 사진기자와 함께 출동해 보니 과연 병원 앞에 구경꾼이 몰려 몹시 혼잡했다. 의사를 면담해 연유를 캤지만 의사가 말을 아끼는 바람에 애를 먹었다. 간호사 등을 통해 얻어낸 사건의 줄거리는 이랬다.

입원한 환자는 양동 닭전머리에 주소를 둔 30대 남녀로 관계는 형수와 시동생. 가장인 형은 트럭 운전사, 시동생은 군 복무 중. 형수는 가정주부. 형수와 시동생은 어쩌다 불륜을 맺은 사이였는데 그날 시동생이 휴가를 나왔다. 오랜만에 만난 그들은 즉각 정념을 태웠는데 한창 작업 중에 대문을 두드리는 소리가 들렸다. 트럭운전사는 퇴근 시간이 일정하지 않아 그 기척이 남편이라고 착각한 여자가 깜짝 놀라는 통에 신체 일부가 경직되었다.

찰떡처럼 밀착된 신체를 풀려고 했는데 웬일인지 접속이 분리되지 않은 게 아닌가. 다급해진 둘은 안간힘을 썼지만 그럴수록 사태는 풀리기는 커녕 더욱 악화될 뿐이었다. 다행히 대문간의 기척은 어느새 사라졌으나 희한한 상황에 당사자들은 전전긍긍할 밖에.

마침 옆집 안노인이 옆집의 작은 소란을 눈치채고 가만히 사람을 불러 두 남녀를 리어카에 태우고 가까운 병원으로 실어가게 했다. 묘한 자세로 이불에 둘둘 말린 채 이송되는 광경을 본 행인들의 입을 통해 소문은 급속히 번져갔고 양동시장의 그 병원 앞에 구름 인파가 몰려들게 된 것이었다.

이 사태를 부른 대문 두드리는 소리는 나중에 밝혀진 바 동네 이장이 공과금 내라고 독촉한 노크였다. 그 뒤 그들의 곤경은 무난히 해소가 되었는지, 남녀의 불륜 사실은 폭로되었는지는 알려지지 않았다. 신문은 이 사건을 자세한 경위 설명 없이 병원 앞에 운집한 인파 사진을 곁들여 '이상한 소문…운운' 제목의 조그맣게 싣는 것으로 풍속사건 보도 윤리원칙을 지켰고.

사직공원 바로 건너편에 있는 남광주시장은 1930년 12월 광주~여수 간 경전선(慶全線) 개통으로 들어선 남광주역 주변에 자연스럽게 형성된 장터였다. 정규적인 시장이 아니어서 사람들은 '도깨비 시장'이라 불렀다.

여수, 보성, 조성, 앵남, 이양을 거쳐온 새벽 첫 기차가 남광주역에 도착하면 남도의 들판과 바다에서 생산된 갖가지 농수산물을 이고 진 장꾼들이 플랫폼으로 쏟아져나왔다. 전문 상인뿐 아니라, 야산에서 약초를 캐들고 오는 할아버지, 몇 줌 안 되는 나물이며 푸성귀를 보따리에 싼 아낙네, 집에서 기른 병아리나 새끼돼지를 품에 안은 아저씨, 또랑에서 건져올린 물고기를 동이에 담은 꼬맹이들… 민간인 장돌뱅이까지 합세해 도깨비 시장은 금세 근동의 큰 장시로 발돋움했다.

무어니해도 남광주시장은 수산물이 효자 종목이었다. 갯가에서 새벽에 도착한 싱싱한 수산물은 남광주시장이 아니면 구할 수가 없었다. 여수 여자만, 보성 득량만, 영광 법성포, 완도, 진도에서 잡은 생선과 패류가 밤기차를 타고 올라와 새벽 두세 시면 장터에 선을 보이니 남광주시장은 어느덧 '새벽시장'이라는 별칭을 얻게 된다.

시류를 거스르지 못해 남광주역도 결국 문을 닫게 된다. 도시가 커지면서 도심을 지나는 철도는 더 이상 유지될 수 없었고 추세에 따라 2000년, 70년 역사를 뒤로하고 남광주역이 철거되었다. 이에 따라 잠시 남광주시장도 예전의 활기를 잃고 시들해졌다. 그러나 워낙 오랜 세월 수산물시장의 원조로 군림해온 덕분에 지금까지 짱짱하게 명성을 유지하고 있다.

도심 철도가 사라진 자리에 지금은 '푸른 길'이 조성되어 새로운 풍물로 등장했고 주차장으로 변한 옛 역건물에는 기차도서관 등 기념시설이 들어섰다.

남광주시장은 1980년 5월의 광주민주화운동을 가장 처절하게 치른 역사현장이기도 하다. '주먹밥'으로 상징되는 헌신은 말할 것도 없고 전남대병원 바로 옆이라 당시 참상을 가까이에서 목격하고 희생자들을 앞장서서 도운 '명예'를 남광주시장 상인들은 갖고 있다.

남광주시장은 우리 문학사에도 큰 자취를 남기고 있다. 곽재구 시인의 명시 「사평역에서」가 남광주역을 배경으로 탄생한 것은 잘 알려진 일이다.

또 남광주시장 앞에는 김용휴 시인의 「남광주역에 나는 가리」 시비가 서 있다. 남광주역과 남광주시장의 정취가 촉촉이 배어 있다.

설레임으로 여기 서 있다/아쉬움으로 여기 서 있다/기적소리 없

는 새벽 누가 열꼬/비껴가는 허공의 구름일지라도/스치는 바람이라도/기적의 여운이라도/돌아오게 할 수 있다면/회상시켜 볼 수 있다면/광주의 새벽을 여는/남광주역에 나는 가리/삶의 질곡을 푸는/시골할매들의/먼 숨결소리라도 들으러

극장은 죽고 싶어 하지 않아요

나는 1995년 5·18특별법 제정시위가 벌어지던 금남로에서 특별판으로 뿌려진 1980년 6월 2일자 신문을 가지고 있다. 거기에는 광주 시내 극장에서 상영된 영화들 광고가 있다. 십 일간 봉쇄되었던 도시의 광장이 닫히고 극장이 열리던 날 사람들은 영화를 보러 갔을까? 사랑이 넘치는 신세계였던 광장의 정념들을 간직한 채 무슨 영화를 보았을까? 그 사람들은 모두 어디로 떠났을까?

극장은 죽고 싶어 하지 않아요

한재섭

#1 온갖 잡것들은 극장으로 기어나오고

그리고 1995년 광주에는 세계인들이 모여들었다. 그따위 왕조가 망해가던 옛날 옛적 목포에서 출발해 나주 영산강 물길을 따라 오다가 광주천 부동교 어딘가에 배를 대었을 양림동 선교사들만큼이나 1995년 광주에는 낯선 외국 사람들이 몰려들었다.

1894년 동학난이 진압되고 청나라를 제압한 일본 군대가 1906년 사직단에 주둔하면서 광주는 다른 나라 사람들을 불안한 눈빛으로 자주 목격하게 된다. 1907년 왕조의 군대가 해산되고 1908년 2월 서천교 아래 백사장에서 기삼연 의병장이 재판도 없이 처형당하며 동학난에 이어 전라도 지역을 중심으로 의병이 역병처럼 창궐하자 일본은 1909년부터 '남한대토벌작전'으로 사람들이 살던 마을을 불태우고 도륙한다.

농사의 신에 제사를 지내는 사직단 위에 근대식 군대 주둔지를 설치하고, 광주읍성을 허물던 같은 피부색을 가진 일본 군대와 1904년 12월 25일엔 미국인 선교사 배유지가 양림동 언덕(현재 사직도서관 앞)에서 광주천과 무등산으로 둘러싸인 광주를 굽어보며 예배를 드리기 시작하면서 광주에는 무시로 외국 사람들이 드나들기 시작했다. 일본 사람과 미국 사람이 대부분이었고 조탄강(棗灘江)이었던 광주천의 옛 이름도 지워져갔다.

외국에서는 1895년 12월 28일 파리의 그랑카페에서 열차가 도착하는 순간을 카메라로 담은 영화가 상영되 사람들을 놀래키며 영화의 역사가 시작되었고, 시기 광주는 사방이 칠흑보다 더 짙은 암흑으로 가득 차 있었던 시절이었다. 공교롭게 '빛'이란 뜻을 가진 뤼미에르(Lumière) 형제가 만든 영화가 새로운 세기, 새로운 예술의 지평을 열고 있을 때 광주는 무슨 영화가 상영될지도 모른 어두운 극장에 앉아 혹시 내 옆에 잡놈들이 앉으면 어떡하지 하는 걱정과 불안의 날들을 보내고 있었다. 누가 우리를 혹세무민(惑世誣民)하는지 분간조차 할 수 없는 상황에서 칼노래 칼춤을 추고 궁궁을을(弓弓乙乙) 부적을 쥐고 주문을 외우던 시절 영화는 탄생하고 있었던 것이었다.

1995년 광주에 온 세계인들은 광주비엔날레라는 남한에서 처음 벌어지는 국제미술행사에 온 사람들이었다. 지금 말로 예술가인 소리꾼들의 소리 한 자락 들음서 '오매 저 잡놈 좀 보소.'라며 희열에 젖어가는 세월의 서러움을 놓을 수 있었던 것이 이 동네 사람들의 최고의 찬사였으니 그 세계인들도 예술가라면 필시 잡놈은 잡놈이었을 것이다.

그 잡놈 중 훗날 1998년 미합중국 대통령이 김대중 대통령 당선자를 초대해 마련한 백악관 파티에서 팬티도 안 입은 바지를 내린 백남준이 주도한 광주비엔날레에 다른 나라 예술가들과 관람객들이 수없이 찾아든 게였다. 마흔아홉 개 나라에서 온 참여 나라 수만큼이나 광주에는 160만

명이라는 사람들이 다녀가며 전 세계 비엔날레 역사상 전무후무한 관람객 입장 기록을 세운다.

그 시절 국제적 행사를 치러 본 적이 없던 광주에서 저 관람객 숫자가 지시하는 것은 그 전 시대부터 내재된 국민 총동원령을 떠올리게 만든다. 김일성이 죽은 지 겨우 1년밖에 안 되었고 국가보안법이 유지되고 있었으니 당연한 것이라고 할 수 있겠으나 김영삼 정부는 1995년을 '광복 50년 세계화 원년'으로 선포했고 1994년에는 우루과이라운드가 타결되었고 1993년 프랑크프루트에서는 삼성 이건희가 신경영을 선언하며 남한은 국제경제질서에 급속도로 편입되어 가는 중이었다.

정부와 재벌, 기득권층이 입이 닳도록 떠들어대는 세계화라지만 강남 중산층을 상징하던 삼풍백화점이 느닷없이 무너져 내렸고, 경복궁 앞 조선총독부 건물이 광복 50주년인 8월 15일 폭파되는 장면이 전 국민에게 생중계로 방송되었다. 사람들의 삶의 자리는 '느닷없이' 주저앉을 수도, 정권 입맛대로 '언제나' 폭파시킬 수도 있다는 것은 백 년전 1895년이나 1995년에도 여전했다.

1995년 광주의 또 한편에선 전국의 민중미술작가들이 모여 '안티비엔날레 통일미술제'를 진행했다. 천이백여 개의 만장을 망월동 묘역 가는 4km 길목 양편에 세웠으며 광주비엔날레가 삼당야합(1990년)으로 탄생한 김영삼 정권의 5·18에 대한 정치적 부담을 국제미술행사라는 대규모 이벤트(182억)로 무마시키려는 정략적 의도에서 만들어진 것이라 주장했다.

그해 7월 검찰의 "성공한 쿠데타는 처벌할 수 없다"는 말도 아니고 뭣도 아닌 말에 사람들은 15년 전 홀로 고립된 채 내버려둔 광주에 대한 죄의식을 갚겠다며 다시 거리로 나섰고 광주에서는 비디오로만 볼 수 있었던 SBS드라마 〈모래시계〉(1995. 1. 9.~2. 16. 방영)에서 시민군과 계엄군으로 만났던 태수와 우석을 보며 그들은 이제 오욕의 역사를 청산하고 상식과 정의가 바로 서는 시대가 오고 있다고 믿었다.

이런 분위기에서 '진상규명과 학살자 처벌'을 요구하는 5·18특별법 제정 촉구 시위는 전국을 뒤덮었고, 이는 '안티비엔날레 통일미술제'가 비엔날레 반대의 가장 큰 명분으로 주창했던 광주정신의 계승이라는 문제의식과 정확하게 일치하고 있었다. 그리고 그 광주정신은 광주만의 문제가 아니라 전국적인 문제였고, 1990년대 역사 청산과 1980년대 민주화투쟁의 절차적 안착화를 위한 중요한 잣대였다. 이를 비엔날레로 호도하려했던 김영삼 정권은 역풍을 맞았고, 의도치 않게 그를 역사 청산의 주역(?)으로 만들어준다. 1995년 12월 19일 5·18특별법이 국회를 통과하여 제정되고 전두환·노태우는 구속되었다.

1995년 서태지가 "정직한 사람들의 시대는 갔다"고 노래한 「시대유감」은 정태춘·박은옥이 싸워온 '음반 및 비디오물에 관한 법률(음비법)'의 사전검열 폐지 운동에 다시 불을 지르며 음반 사전심의제는 완전 폐지되었고(1996년 6월 7일), 그해 10월 4일 헌법재판소는 "영화에 대한 사전심의는 위헌"이라고 결정하며 "헌법이 보장하는 표현의 자유를 침해"해선 안 된다며 영화의 지위를 확인해주었다.

그런데 동시에 가위질이 난무하던 영화 검열과 함께 단관 극장들도 점차 사라져갔다. 검열 대신 등급분류제가 도입되면서 제한상영등급을 받은 영화들은 전용관에서만 상영되어야 했고 1998년 서울 CGV강변점을 시작으로 멀티플렉스 극장들이 대세를 장악하면서 온갖 영화를 상영하던 극장들은 생존을 위해 예술영화, 독립영화만을 상영하는 전용관으로 변신해야 했다. 제한상영등급을 받은 영화를 상영할 수 있는 제한상영관도 없고 국가가 지정한 예술영화니 독립영화니 하는 레떼르가 붙은 영화만 상영해야 하는 극장들은 사실상 검열은 사라졌지만 영화들 사이에 위계를 만들며 시끌벅적 시장통 같았던 모두의 극장이 아닌 소수의 취향을 갖은 사람들이 끼리끼리 눈인사만 주고받는 극장으로 위축되어 갔다.

광주 최초의 극장은 일본인이 만든 광주좌(황금동 11-4)였고 광주 사람들이 영화를 본 최초의 경험은 미국인이 만든 오웬기념각(양림동 67-1)에서 이루어졌다. 광주천 위로는 미국인이, 아래로는 일본인이 살고 있었던 광주였다.

영화는 전기가 있어야 활동할 수 있다. 광주에 처음 전기를 생산한 광주전등주식회사(수기동 43)는 1917년에 설립됐고, 같은 해 8월 13일 첫 발전을 시작한다. 광주좌도 그해에 세워졌다. 전기는 대규모 노동자를 고용하는 공장과 대규모 관객을 동원하는 극장을 세울 때 반드시 필요한 조건이다. 그리고 아무나 들어갈 수 없고 밖에선 안에서 무슨 일이 벌어지는지 알 수 없게 만든 높은 담벼락과 입장료라는 운영체제도 비슷하다. 뤼미에르 형제가 자신의 공장 문을 나서는 노동자들을 촬영한 작품이 세계영화사 첫 페이지에 등장하는 것이 우연은 아닌 셈이다. 이 점에서 1937년 조선영화주식회사(조영)를 설립한 최남주(금남로 4가 42번지)의 조부가 광주전등주식회사에 거금을 투자하고 감사를 맡은 금융가 최원택의 손자란 사실도 놓쳐선 안 되는 지점이다.

광주좌는 사직단에 일본군이 주둔하면서 공창과 유곽이 들어선 곳 주변에 세워진 목조 2층 건물의 극장으로 상설 영화상영관은 아니었고 연극과 연주회가 주로 공연되었고 영화는 어쩌다 한 번씩 상영되었다. 광주에 상설로 영화를 트는 극장은 1927년 광남관(충장로 102-12)이 생기면서부터이다.

광남관은 1930년 4월 7일과 8일 이틀간 반도키네마구락부와 광주 저명 상점의 후원하에 '광주학생독립운동으로 다사다난한 광주시민대중을 위로'하는 광주시민 위안영화대회를 개최했다. 바로 직전 3월 31일과 4월 1일에는 광주좌에서도 활동사진대회를 개최했다. 이러한 영화제는 1929년 광주학생독립운동 이후 구속, 수배, 수감 등으로 어수선한 민심과 1930년 3월 대화재로(수기옥정과 서광산정) 삶의 터전을 잃은 광주 사람들을 영화제를 통해 위로하자는 차원이었다.

광남관은 1930년대에는 제국관, 해방 후 공화극장이라 했다가 미 군정이 불온하다 하여 동방극장으로 개칭했다가 1955년경부터 무등극장(충장로 1가 25-1)으로 변모하였다.

  오웬기념각은 1914년 세워진 벽돌 건물로 광주 사람들이 영화뿐 아니라 서구에서 들어오는 새로운 예술을 모두 처음 경험한 곳이라고 해도 틀리지 않을 것이다. 당초 건립 목적이던 종교적 기능 외에도 연극, 영화, 음악 등 전근대와 다른 새로운 형태의 예술작품과 문화가 이곳에서 펼쳐졌기 때문이다.

  1925년엔 영화 〈쌍옥루〉가 상영되었는데 단성사에서 10월 19일 개봉해 전후편으로 나누어 2주간 상영된 것으로 보아 오웬기념각에서는 그 이후 들어온 것으로 보인다. 성탄절 특별 상영이라는 추측도 가능하겠지만, 무엇보다 광남관이 일본인 극장이고 일본 도호영화사(東寶映畵社)의 전속극장이었던 점을 고려하면 고려영화제작소에서 제작한 한국영화를 광주 사람들에게 자유롭게 관람 시키려는 목적에서 이뤄진 것으로 보인다. 그렇다고 남녀가 자유로운 것은 아니었다. 당시 오웬기념각에서는 관람석에 포장을 쳐 남녀가 따로 영화를 보았다.

  물론 광주 사람들이 1925년에 처음 영화를 보진 않았을 것이다. 1917년도 아니었을 것이다. 가까이 목포에는 목포좌가 1904년, 상반좌가 1908년, 목포극장이 1920년에 개관했다. 또, 1895년 발명된 영화는 급속도로 세계 곳곳의 풍경들을 사냥하듯 채집했고 일본과 서양 사람들은 제국의 식민지의 진귀한 풍물들을 구경하고 있었고, 우리는 검은 암흑 속에서 생생하게 살아 움직이는 활동사진을 보고는 '굿판'이라며 놀란 가슴을 쓸어내리고 있었다.

  오웬기념각에서 지척인 곳(양림동 202번지)에서 태어나 해방 후 조선 프롤레타리아 영화동맹 초대 서기장과 1946년 평양 대동강에 국립영화촬영소를 설립한 정준채(1917년생)는 광주 사람들에게 매우 생소한 인물이다. 그의 동생은 정추와 정근이고 정추는 형을 따라 월북해 영화촬영소 음악과장과 평양음악대학 교수가 되었다. 정준채와 정추는 김일성 유일체제가 확립되어가던 시기 망명과 숙청으로 잊혀졌다. 정준채의 〈조소친선의 노래〉(1950)는 체코 카를로비 바리 영화제에서 작품상을 수상했다. 이는 남북한 통틀어 최초의 해외영화제 수상이었다.

1995년이나 1895년이나 또 지금 2023년이나 남한뿐 아니라 광주는 자꾸 세계에 편입되지 못하고 뒤통수가 자꾸 캥긴다. 어디서 누구의 호명인지도 잊어버린 채로 나라의 모든 것에 온통 K자를 붙여 우러르기를 명령하고 있지만 정작 우리는 거대한 성 앞의 K마냥 성(城)으로 가는 길조차 찾지 못하고 있다. 성을 들어갈 수 없는 케이들, 성 안팎에서 하루 아침에 벌레로 버림받은 케이들이 가장 많이 살고 있는 곳이 또 하필 지역이고 지역의 영화이다.

1895년이 아닌 1995년 남한은 외세가 아닌 국제화, 왕조가 아닌 풀뿌리 민주주의로 교체되고 있던 해였다. 억압적이고 폭력적인 군사정권에 의해 눈과 귀가 가려졌던 국민들은 높은 파고로 내리치는 국제적인 조류에 동원되기도 했지만 동시에 민주주의와 세계화라는 스탠다드한 국제질서에 적응해가고 있었다. 중앙에서 내려오는 관선지자체장이 아닌 직접 내 손으로 군수와 시장을 뽑는 지방자치제(민선 1기)가 실현되며 우리 스스로 지역자치 지역주권을 꿈꿀 수 있는 그릇도 만들어지고 있었다.

무엇보다 1995년의 광주는 정치적으로 1980년 5·18의 숭고한 혁명과 사랑의 도시라는 한국민주주의의 성지로 전 국민의 지지와 연대를 받고 있었고 최초의 비엔날레를 개최하며 한국문화사의 국제적 흐름을 처음으로 개척하고 있었다. 1980년 이후 폭도의 도시라는 누명을 벗기 위해 지역 엘리트들이 선택한, 또, 그럴 수밖에 없었을 1차산업 중심의 낙후된

경제적 토대 위에서 만들어진 예향(藝鄕), 의향(義鄕), 미향(味鄕)의 복고 지향적인 정체성을 바꿀 수 있는 기운이 한꺼번에 몰려들고 있었다. 지역과 국제를 넘나들며 긍정과 낙관으로 변할 수 있는 토대가 광주에서 만들어지던 1995년이었다.

1995년 나는 아무래도 어둡던 열일곱 살이었고 영화는 일백 살이나 먹은 생일잔치로 전 세계의 스포트라이트를 받고 있었다.

추신

* 마틴 스콜세즈의 〈택시드라이버〉(1976)에서 트래비스의 내레이션을 살짝 바꾸어 보았다. 트래비스는 월남전을 다녀온 후 불면증을 못 이기고 택한 심야 택시운전을 하며 시간 때우기로 싸구려 포르노 극장을 다니다 문득 세상을 청소하고 소녀를 구원해야겠다고 마음을 먹는다. 원래의 나레이션은 all the animals come out at night이고 그 알 수 없이 부끄럽기만 했던 무진중학교를 졸업한 지 삼십 년이 지난 지금도 나는 종종 중얼거릴 때가 있다.

** 글의 제목은 아네스 바르다가 영화탄생 100주년인 1995년 일백 살이 된 노인(이름이 시네마)을 골려먹듯 만든 익살스러운 영화 〈시몽 시네마의 101일밤(Les cent et une nuits de Simon Cinéma)〉 개봉 후 인터뷰에서 했던 말이다.

#2 영화광으로 가는 마지막 비상구

1995년 4월 1일 시네마떼크 필름리뷰(대표 조대영)가 개관했다. 광주 동구 계림동 통일회관 5층(250-1번지)에 작은 시사실을 꾸민 필름리뷰는 굿펠라스(1991년, 조대영 창립)를 중심으로 영화감상과 비평모임을 하던 영화광들이 본격적인 시네마떼크를 표방하며 문을 연 광주 최초의 민간 시네마떼크라 할 수 있다.

위 첫 문단부터 오해해선 안 되는 지점들이 여럿 있다. 먼저, 시네마떼크(Cinematheque)라 해서 프랑스나 독일처럼 필름 기반의 수집과 상영이 아니라는 점이다. 1995년이 영화 탄생 백주년이라 해도 남한은 이제 광복된 지 50년밖에 안 되었고, 이웃 나라인 일본 영화도 수입도 안 되던 시절이었다. 흔히 우리가 예술영화, 실험영화, 저예산 독립영화라 불리는 세계영화의 주요 작품들이 수입되지 않거나 개봉되더라도 일주일을 못 버티고 바로 비디오시장으로 사장되어버리는 시기였다.

그러니 필름리뷰에서 상영되는 영화도 모두 필름이 아닌 비디오(빽판 또는 해적 비디오라 불렸던)였다. 이런 비디오의 유통 경로가 어떠했냐면 필름리뷰보다 먼저 시네마떼크를 시작한 서울의 '영화공간 1895'[1988년 이언경(부산) 창립]와 '문화학교 서울(1991. 5. 10. 창립, 1895의 후신격)', 부산의 '24/1(1984년 부산씨네클럽의 후신, 1993년 창립)'과 같은 곳에서 복사해온 비디오들이었다. 그들 역시 유학이나 해외 여행, 출장을 다녀오는 사람들에게 부탁을 해서 외국에서 제작된 LD(Laser Disc)나 비디오를 수급한 후 외국어를 잘 하는 전공생들을 동원해 번역 후 프로덕션에서 쓰던 자막기계로 자막을 입력하여 상영본 비디오를 만들었다.

내가 굿펠라스와 처음 접속하게 된 계기는 광주천 위 양동 돌고개 한

1995년 굿펠리스 ⓒ 한재섭　　　　컬트영화전 ⓒ 한재섭

1995년 시네마떼끄 필름 리뷰 개관 영화전
ⓒ 한재섭

1996년 광주국제영화제 추진을 위한 시민영화토
론마당 ⓒ 한재섭

국치과 5층에 있었던 씨엘아트홀(269-12번지)에서 타란티노의 〈저수지의 개들〉(1992)을 보면서부터이다. 1995년 씨엘아트홀이 어딘지 몰랐지만 월산동에 살았던 탓에 광주천을 끼고 형성된 양동시장과 닭전머리의 대형 집결지는 사실 눈에 훤했다. 연극 공연이 주로 올랐던 씨엘아트홀은 지금 말로 복합문화공간을 지향한 것으로 보이는데 〈저수지의 개들〉은 '월예시(월요일! 예술과 함께 시작해 보세요)'란 타이틀로 진행되었고, 『씨엘아트저널』도 발간하고 있었다.

그때도 지금 같은 얼굴이라 조대영 대표는 내게 군인이냐고 물었고 함께 진행을 도우던 S형(훗날 내게 하우저의 『영화의 시대』를 읽어 보라 권유했던 형)은 결혼은 아직 안 했죠, 라는 농을 던졌다. 그들은 내게 영화 끝나고 감상을 나누는 시간도 듣고 가고 이번 주 일요일 굿펠라스 모임방에서 하는 영화상영은 무료이니 꼭 오라고 했다.

아시다시피 〈저수지의 개들〉은 욕설로 도배된 영화이다. 그때 외국영화들에서 나오는 욕설은 모두 '엿 먹어라' 라고만 번역되었는데, 고려대 돌빛 영화동아리 자막 제작으로 되어 있던 〈저수지의 개들〉은 내가 하고 내 친구가 하고 우리 부모선생들이 했던 욕이 정말 리얼하게 들어 있었다.

그리고 그 주 일요일인 1995년 1월 29일 나는 계림초등학교 뒤편 지하에 있던 굿펠라스(풍향동 589-47번지)에서 24인치나 될까 한 모니터와 비디오데크를 연결하고 처음 본 사람끼리 밍크이불을 덮고 방바닥에 도란도란 앉아 오즈 야스지로의 〈동경이야기〉(1953)를 보았다.

나는 아직도 지하로 내려가는 계단에 붙여 있던 영화포스터들, 맨드라미 같은 시각과 촉감을 갖고 있던 밍크이불, 한쪽에 쌓인 매직으로 휘갈겨 써진 세계영화사의 정전들이 담긴 비디오테이프들이 눈에 선하다. 하지만 그것은 내게 가출의 두려움이었고 해방의 야릇한 흥분감이었다. 그때 나는 세상 잡놈들이 다 기어나오는 영화에 들떠 도대체 어찌할 바를 모르고 허둥지둥대고만 있을 때 "내 속에서 솟아 나오려는 것"(『데미안』)이 뭔지도 모르고 다섯 손가락으로 움켜쥐어 봤자 빠져나가는 백사장 모래처럼 아무것도 잡히지 않는 나이였던 게다. 굿펠라스로 가던 겨울 오후 나는 계림초등학교를 가로질러가다 돌을 집어 교실 유리창을 하나 깨트렸다.

항상 사 보진 못하고 필름리뷰에서 만난 다정한 친구 T군에게 빌려 읽었던 월간지 『키노』와 주간지 『씨네21』이 1995년에 창간되었는데 늘 전국의 시네마떼크 소식들이 한편에 실렸다. 『시네마포에버』 1997년 12월호(통권 62호)에 실린 당시 문화학교 서울 사무국장 곽용수가 쓴 「한국시네마떼크의 역사」에 기재된 전국시네마떼크연합(1997년 5월 30일 발족) 소속 단체는 '문화학교 서울', 부산 '24/1', 대전 '컬트'와 '일팔구오', 청주 '씨네오딧세이', 강릉 '시네마떼크', 부천 '영화열망', 성남 '시선', 전주 '온고을 영화터', 대구 '제7예술'과 '시네하우스', 제주도 '영화세상', 광주 '영화로 세상보기(1995년 필름리뷰에서 분화)' 13개 단체였고, 그 외에도 평택 '시네마드리밍' 등이 있었다.

전국시네마떼끄연합은 1996년 제1회 부산국제영화제에서 자행된 영화검열에 반대하는 '안티 부산국제영화제'로 연합 결성의 추동력이 붙었으며, 불법 비디오 상영과 유통이라는 존립 위기에 대한 공동대응, 그리고 열악한 지역 문화의 한계를 교류와 연대 정신에 입각한 공동사업추진 등으로 돌파하기 위해 발족되었다. 지역감정도 당도 초월해 영화라는 이름으로 전국의 지역들이, 연대하고자 하는 선한 의지들이 강력한 동지의식을 만들어낸 것이었다.

당시 영화잡지에는 짧막한 상영회 소식과 단평이 전부였지만 서구의 작가주의 담론을 영화비평의 주무기로 삼던 잡지사 입장에서 전국의 시네마테크들은 귀중한 고객이기도 했을 것이다. 1995년 11월 11일 예술영화전용관 '광장(光場)'이란 프로젝트를 내걸고 동숭 시네마텍이 짐 자무쉬의 〈천국보다 낯선〉(1984)과 〈커피와 시가렛〉(1986)을 개봉하며 필름으로 상영하는 국내 첫 아트필름 시장의 포문을 열기 전까지 불법비디오로 운영되던 전국의 시네마테크는 영화광으로 가는 마지막 비상구였다.

징후는 있었다. 김홍준이 구회영이란 필명으로 1991년 내놓은 『영화에 대해 알고 싶은 두세 가지 것들』은 이미 영화광들의 필독서가 되어 책에 나온 영화를 찾아 비디오가게를 도장깨기 하듯 순례하는 문화가 있었다. 전국의 비디오가게가 4만 5천 곳이나 있었고 공중파 방송인 MBC 〈출발 비디오 여행〉(1993. 10. 29. 첫 방송)과 EBS 〈시네마천국〉(1994. 2. 4. 첫 방송)과 같은 영화비디오 정보 프로그램, 비디오가게에 비치된 무가지 비디오 잡지와 정식 판매되는 비디오 월간지들, 『열려라 비디오』, 『비디오연감』과 같은 디렉토리북이 팔려나가던 시절이었다. 동시에 1980년대 한국사회 NL/PD 사구체(사회구성체) 논쟁을 이끌었던 이진경이 『필로시네마 혹은 탈주의 철학에 대한 7편의 영화』를 내놓으며 라캉과 푸코, 들뢰즈/가타리 등을 경유해 영화로 근대자본주의를 해독하려는 시도들이 등장한 것도 1995년이었다.

〈조선일보〉는 1995년 1월 1일자에 올해가 영화탄생 100주년이라며 〈시네마천국〉과 〈E.T〉가 제작된 이탈리아 시칠리아섬과 헐리우드 유니버셜 스튜디오를 소개하는 기사를 전면 2면에 걸쳐 할애했다. 정반대 성향을 가진 〈한겨레 21〉도 『말』지도 모두 영화탄생 100주년을 전후한 시기 영화에 대한 적극적인 애정공세를 멈추지 않았다.

드디어 2월 영화광들의 마지막 성지순례이자 범접할 수 없는 성배로 여겨졌던 안드레이 타르코프스키의 유작 〈희생〉(1986)을 백두대간이 수입하고 동숭아트센터에서 개봉하자마자 관람객 10만을 돌파하며 당시 상업영화 중심의 한국영화제작과 오락(또는 청소년 유해시설)공간으로만 고착된 극장에 대한 편견을 바꿔냈다. 물론 돌이켜 보면 아쉬움도 있다. 김소영은 『근대성의 유령들』(2000)에서 1990년대 남한의 씨네필들의 사회적 정치적 조건이 삭제된 채 소개된 철 지난 서구 예술영화에 대한 준-종교적 열광들을 시체애호증(Necrophilia)과 같다며 그들이 정치적 주체성으로 전환되지 못했음을 쓸쓸하게 분석하고 있다. 공교롭게 1990년대 영화광들에게 가장 유행한 말 중 하나는 컬트(cult)였다. 당연하듯 필름리뷰 개관행사도 컬트영화제(4. 26.~5. 5.)였다.

두 번째 오해는 당시에는 문화재단도 없었고 지자체에 문화예술인(단체) 지원제도도 전무했었다. 더군다나 영화(비디오)는 영화진흥법과 음비법(음반 및 비디오에 관한 법률)으로 국가의 통제를 받고 있었는데, 내용에 대한 사전 심의를 거치지 않은 작품은 모두 불법으로 취급되었다. 사전심의는 영화 시나리오부터 완성된 필름(비디오)까지 국가기구인 공연윤리위원회(보통 공륜이라 불렸고 현재 영상물등급위원회)의 전문가라 불리는 자들이 해당 영화를 검열하는 것이었다.

국민들의 선량한 도덕의식과 미풍양속을 헤치고 지금 국민들의 문화적 수준(?)으로 볼 수 없는 작품들을 전문가 씨들이 모여 가위질 했다. 1996년 10월 4일 헌법재판소가 "영화에 대한 사전심의는 위헌"이라고 결정했음에도 음비법의 '비디오'에 관한 사전심의를 강제하는 독소조항은 개정되지 않았다.

그래서 불법(?) 비디오로 운영되던 시네마떼크들은 당연히 불법단체였다. 필름에서 비디오로 한국영화의 외연을 확장한 푸른영상의 김동원 감독은 1996년 10월 14일 사전심의를 받지 않은 작품을 제작했다는 죄목으로 경찰에 긴급구속 당했고, 1997년 11월 5일 제2회 인권영화제의 작품들이 사전심의를 거부하고 이적표현물-4·3민중항쟁을 다룬 조성봉의 〈레드헌트〉(1996)-을 상영했다는 이유로 서준식 집행위원장이 구속당한다. 제2회 인권영화제는 9월 27일부터 10월 3일까지 홍익대에서 개최하고자 했으나 경찰과 대학본부의 학교 봉쇄와 전원 차단 등으로 조기 폐막했다. 광주에서 당초 계획은 전남대 공대 시청각실이었으나 경찰의 사전 엄포로 남동성당(1997. 11. 12.~15.)으로 급히 변경해 1천 명이 넘는 관람객이 영화제를 찾았다.

이러한 대응은 1980년대 군사정권의 3S정책과 달리 〈쥬라기 공원〉처럼 영화는 신한국을 창조하는 산업역군임을 내세운 문민정부가 음란비디오(그래서 음비법이냐는 자조도 있었다) 시장을 통제하겠다는 명목에서 이루어졌다. 그러나 내심은 1980년대 거리의 정치적 주체들과 다르게 영화와 비디오와 같은 문화를 전유하며 새로운 정치적 주체로 떠오르는 세대에 대한 기성권력의 불안감이 만든 탄압이었다. "도대체 애들 뭐지." 우선 싹부터 자르고 보자는 식으로 말이다.

영화를 즉물적 소비대상이 아닌 다른 가능성으로 나아가려는 전국의 시네마떼크들의 주체적 실천 행위였던 관객운동은 인디포럼(1996년, 문화학교 서울), 서울퀴어영화제(1997년/1998년), 서울국제여성영화제(1997년), 한국독립단편영화제(1999년, 1998년 한국독립영화협회 창립의 개최배경이 되며 2001년 서울독립영화제로 명칭 변경)가 시작되었고 연극공연계에서도 독립예술제(1998년, 현 서울프린지페스티벌), 서울변방연극제(1999년) 등이 봇물 터지듯 쏟아져 나왔다.

1995년 6월 9일에는 서울에서 광주국제영화제 추진을 위한 논의도 시작되었다. 국내 최초 국제영화제를 광주에서 개최하자는 것이었다. '오월의 민주화정신을 국내외적으로 선양하고 낙후된 지역의 제반 여건을 해소해가는 데 기여하고자, 국제적인 영화제를 개최'하고 '지역의 발전을 도모하는 동시에 영화계의 숙원인 국제영화제를 성사'시켜 '광주가 21세기 첨단정보사회에 중추적 역할을 할 수 있기'를 바라며 준비했지만 최초 국제영화제 개최 도시는 부산이 되었다.

  돌아보면 1995년 광주가 변화하는 내외부 환경에 능동적으로 대응했다면 광주라는 도시의 지평이 지금처럼 협소하지만은 않았을 것이다. 광주는 정부와 관의 일방적인 밀어붙이기로 최초의 비엔날레 도시가 되었지만 광주국제영화제는 '시민영화토론마당' 등을 개최하며 철저히 민간 차원에서 추진되었다가 광주시의 소극적인 행태로 사그라들었고 부산, 부천, 전주의 국제영화제가 흥행하자 그제서야 부랴부랴 광주국제영화제(2001년)를 시작했다. 시작이 이러니 끝도(2015년) 지원금 정산 미이행이라는 초유의 사태로 아무런 반성도 전망도 없이 부지불식간에 막을 내렸다.

  다시 돌아와 서울퀴어영화제는 1997년 연세대 동문회관 측의 개막당일 대관 거부로 취소되어 1998년이 공식적인 1회였다. 1997년 영화제는 '전문가'만 볼 수 있다는 조건으로 사전심의를 통과했는데, 그래서 주최 측은 '전문가'는 도대체 누구냐는 자괴감이 들었다고 한다. 퀴어영화제 이전 이미 1993~1994년부터 대학가와 PC통신에서 '친구사이', '끼리끼리' 등이 결속되며 게이/레즈비언/바이섹슈얼/트랜스젠더 등 퀴어활동가들이 주축이 되어 한국동성애자인권운동협의회가 1995년 6월 26일 발족되었다는 사실도 1990년대 남한의 풍경을 읽는 주요한 키워드이다.

하지만 이들 모두는 1980년대와 다르게 조직화된 정치구호 아래 모여든 균질적인 집단이 아닌 문화적 취향과 습속들을 나누며 각자의 정체성을 대놓고 커밍아웃하는 비균질적인 집단들이었다. 퀴어, 여성, 독립이란 영화제의 타이틀이 말해주듯 기존의 정체성에 포획되지 않은 자들이 서로의 정체성을 확인-인증-하며 일시적으로 만들어낸 자율공간이었던 셈이다.

한편 이러한 자율공간들은 지방자치와 세계화로 남한의 문화정치가 가파르게 변화되는 시점과 맞물리며 기성의 관습적이고 고급문화 중심에서 이탈하는 하위문화 주체들의 등장을 가속화시키기도 하였다. 1995년 광주비엔날레와 1996년 부산국제영화제의 시작, 영화진흥위원회(1999년)와 지자체 미술관 및 문화예술회관에 뒤이은 문화재단들의 설립(서울 2004년, 경기도 2007년)이 1990년대부터 경쟁적으로 이루어진 것도 같은 맥락인 셈이다.

그리고 1998년 IMF를 겪으며 남한의 다른 부분과 마찬가지로 영화와 문화예술계도 구조조정되며 모두들 국가와 기업의 관리체제로 들어간다. 지원 없는 예술활동은 상상할 수 없으며, 간섭 없는 지원은 공공성에 위배되므로, 오로지 페이퍼만 신봉하고 페이퍼만 생산하는 예술가와 관료가 되어간 것이다.

1995년 우리가 비엔날레도 미술관도 록페스티벌도 몰랐던 시절 열혈 영화광들이 만든 영화제와 시네마테크는 동시대 가장 급진적인 스타일의 의지가 발현되던 자율공간이었다. 시네마테크 필름리뷰 역시 이러한 당대의 정치문화적 조건에서 탄생하였다. 영화탄생 100주년이었던 1995년이라는 절묘한 해에 필름리뷰는 아직은 예술도, 산업도, 그럴싸한 문화로도 취급받지 못했던 영화를 내걸며 어디에도 끼지 못했던 하위주체들의 접속

장소가 되어주었던 것이다. 필름리뷰의 '영화로서의 광주를 실천하겠다'는 슬로건은 1980년대 지하 꼬뮌들에서 상영되었던 〈광주비디오〉 상영운동과 기시감을 갖게 만들며 수십 번 복사를 뜨고 상영되어 열화된 조악한 비디오에도 함께 영화를 보는 친구들이 있다는 사실만으로 지금까지와는 다른 꿈을 꾸게 만들었던 꼬뮌이었다.

나는 사라진 극장만큼 그곳이 그립다. 내 어둡고 추운 겨울을 나게 해준 굿펠라스에서 남도예술회관(대의동 53번지)에서 '제1회 서울단편영화제'(1995년 2월 10일~11일) 광주순회상영회, YM(W)CA 등의 노컷 영화제와 사이버펑크 영화제 영화비평과 회원 동정이 실린 「굿펠라스」 회지를 발행하며 이상한 아이들로 취급당하던 정념(情念)으로 충만한 영화광들의 네트워크와 접속할 수 있었다. 내 이름이 박힌 글이 처음 실린 지면도 「굿펠라스」 회지였다.

1995년 말 계림동 필름리뷰에서 분화한 시네마테크 영화로 세상보기는 광주천 옆 금동 지하(금동 54-2)에 자리를 잡았고 1990년대 중후반 급격하게 변화된 문화지형을 흡수하면서도 1980년 광주가 남긴 영화와 사회, 세상과 영화의 관계에 대한 본격적인 연구비평을 표방하였다.

박상백(현재는 예술영화 수입사 대표가 된)과 S형 주도로 만든 영화로 세상보기는 한국영화를 발전시키겠다거나 예술영화를 시민들에게 자리매김해 보려는 위치도 아니었고 한국의 실험, 단편영화를 보급하겠다는 건방진 생각도 갖지 않았다. 다만 영화 자원이 없던 광주에서도, 1980년대가 지난 1990년대에도 대학이나 노조에서 커밍아웃 하기 힘들었던 개인들도 취향공동체만이 아니라 세상에 무엇이라도 보탬이 되고자 느슨한 연대와 자율적 저항의 '영화' '운동'이 있었다는 흔적을 남기고픈 공간이었다. '필름리뷰'와 '영세보'는 1980년대 정치중심의 문화운동과 결을 달리

한 1990년대 영화광의 시대가 만든 비디오꼬뮌이었다.

 광주천이 바로 앞인 인쇄소와 인형극단이 있던 건물 지하에서 영화로 세상보기는 영화를 영화로 생각하기도 하고 영화를 세상으로 생각하기도 하면서 21세기를 맞이했고, 2003년 광주극장이 국내 1호 예술영화전용관으로 선정되면서 불법비디오로 운영되던 우리들의 극장도 사라졌다.

 아직도 계림동과 광주천, 양동시장을 걷게 되면 그때 만나고 헤어진 사람들이 떠오른다. 아직 연락을 하고 일로도 만나는 사람도 있지만 대개는 모두 떠나갔고 몇 줄의 소문만 종종 들을 뿐이다. 수능 전날 시험 잘 보라며 초콜렛을 주던 누나, 지금이야 이색카페가 되었지만 어느 겨울밤 날새고 영화를 보다 얼싸덜싸 어울려 광주천 눈길을 건너 술 먹으러 간 동굴, 고백을 받아주지 않는 연인 때문에 지하 시사실에서 난로를 껴안고 「취중진담」을 부르던 형, 교복을 벗던 날 본 〈러브레터〉(1995) 이후 내게도 영화처럼 사랑이 찾아올까 가득 불안했던 날들을 돌봐준 곳이었다. 십 대에서 이십 대 사이 누구로부터도 환영받지 못했던 우리들은 미천했고 미천한 자들의 우정의 역사가 바로 영화의 역사라고 믿었다. 산업도 예술도 아니었던 시절 영화를 좋아한다는 것은 철부지들의 오락거리였고 한국영화를 본다는 것만으로 미친놈이라고 타박만 듣던 우리들은 지금 어느 길목에서 무엇을 하고 있을까?

  추신

 남도예술회관에서 본 제1회 '서울단편영화제' 수상작은 임순례의 〈우중산책〉(1994)이었다. 싸구려 삼류극장을 지키는 여자는 오늘 맞선 볼 남자를 기다리다 지치고 하필 내리는 비를 보다 충동적으로 극장 밖으로 외출을 감행한다. 그녀에겐 지리멸렬한 일상의 극장이 내겐 버너로 쥐포를 구워주고, 담뱃재와 지린내와 하루 종일 앉아 있어도 누구 하나 나가란 말을 하지 않았던 비상구였다.

   1987년 6월항쟁과 1995년 국제화 원년 어디에도 끼지 못했을 그녀들은 홍상수의 〈돼지가 우물에 빠진 날〉(1996)에선 요구르트 하나로 끼니를 때우며 소설가의 아내를 꿈꾸는 여인으로도 등장한다. 십 대 시절이나 지금이나 내가 만나는 대개의 사람들은 모두 대학물 먹은 사람들이지만 책을 읽지 않는 부모들 덕분에 나를 지나쳐 사라진 사람들에게 미처 묻지 못한 그들의 고향은 어딘지, 누구를 만나 어디서 무엇을 하며 살고 있을지가 아득해진다.

#3 가난한 아이들에게 기념일은 없다

   책을 읽지 않아서인지는 모르겠으나 늘 가난했던 부모님 덕분에 나는 시골에서 살다 1990년 대인동으로 이사를 왔다. 그리고 서울역 앞 대우빌딩에 놀란 지방사람처럼 로얄극장과 삼호극장에 걸린 극장 간판에 혼이 나가버렸다. 대인동 공용터미널 앞 다세대주택 4층에 복닥거리며 살던 나는 아래층 성경책을 늘 끼고 다니는 교회 목사님이 창고에 모아놓은 신문더미 속에서 낯선 광주를 하나씩 알아가고 있었다. 무엇보다 신문 귀퉁이의 극장광고는 어린 나를 집 밖으로 내몰게 한 충동을 가장 강렬하게 심어준 이미지였고 텍스트였다. 그러니까 나는 신문에 실린 극장광고로 광주와 영화를 공부하기(?) 시작한 셈이다.

   유덕화, 장만옥, 장국영, 임청하, 매염방, 주윤발, 종초홍, 장학우, 양조위, 왕조현, 주성치 성룡, 이소룡, 알란 탐 홍콩영화 배우들의 이름을 줄줄이 읊어대던 시절은 적확하게 삼류극장(재개봉관, 동시상영관으로 불렸던 2편을 한꺼번에 볼 수 있는)의 전성기와 일치한다. 1980년대 말 청량음료 CF에 주윤발과 왕조현이, 초콜렛 광고에 장국영과 유덕화가 나왔을 때 환호성을 질렀던 기억이 있다. 동네 골목마다 붙여져 있는 영화 포스터 게시판을 보며 극장의 위치를 헤아리고, 비디오 가게에 신작 비디오를 손꼽아 기다리며 본전을 빼기 위해, 비디오데크가 있는 친구 집으로 우르르 몰려가 우당탕탕 놀아본 날들이 있었다. 도대체 왜 더 비싼 가격을 주고 한 편만 상영하는 개봉관(일류극장이라 불렀던)에서 영화를 보는 어른들을 이해할 수 없기도 했다.

나는 두 편 동시상영 재개봉관의 입장료 2천 원이면 영화 2편을 볼 수 있어 (1박 2일 대여기간의 신작 비디오 빌리는 데 2천 원이라) 가족, 친지, 친구들과 함께 보질 않는 이상 삼류극장으로 발길을 주로 돌렸다. 아마 1990년대 비디오가게의 가장 큰 경쟁업체는 삼류극장이었을 것이다. 1993년경 봉선동에 생긴 비디오랜드라는 대형 샵에서 파격적으로 500원에 빌려주기 전까지는 말이다. 20세기 소년 소녀들에게 삼류극장과 비디오문화는 그대로 십 대들의 하위문화가 집결하던 곳이었다.

정식극장은 아니지만 광주학생독립운동기념관(지금은 청소년삶디자인센터)의 소극장에서 여름과 겨울방학에 나름 영화처럼 큰 화면으로 비디오 상영을 해주었고, 그 일대는 일본 애니메이션과 X-재팬과 같은 해적판 비디오와 테이프, 『논노』와 같은 패션잡지를 사고팔던 암시장이었고, 백스테이지(중앙초교 사거리 지하의 음악감상실) 같은 곳에서 열렸던 스쿨밴드 공연포스터가 조악하게 붙여지는 자신들만의 '나쁜' 문화를 즐기던 십 대들의 공화국이었지 않은가. 아카데미극장 2층(예식장이기도 했던)과 신동아극장(충장3가 8번지, 1966년 개관 1985년부터 신동아극장으로 변경), 한성극장 옆 한미쇼핑에는 십 대 청춘들이 우당탕탕 놀이를 즐기던 롤러스케이트장도 있었다.

당시 최고 화제작이었지만 서울에선 관객들이 음료를 집어던졌다는 전설의 망작 〈아비정전〉(1990)과 〈유금세월〉(1990)을 계림극장이 야심차게 성탄·신정특선으로 밀면서 관람료가 2천 5백 원으로 인상되었고, 광주극장과 같은 개봉관은 2천 5백 원에서 3천 원이 되었다. 나는 나처럼 부모님들이 모두 일을 나가시고 찬밥처럼 빈 방에 담겨진(기형도) 친구들끼리 텔레비전 속 딴 세상이기만 한 성탄 기분을 내려고 1990년 12월 24일 〈아비정전〉을 보러 계림극장에 갔다. 관객은 대부분 나처럼 성탄 기분을 내려고 온 불량기(?) 가득한 중학생 형 누나들이었다.

그때 우리처럼 가난한 아이들에게 기념일 따위는 없었다. 크리스마스트리도 케이크도 없던 우리들에게는 삼류극장과 비디오만이 유일한 기념일이고 가난한 선물이었다. 영화가 끝나고 집으로 오는 길거리에서 들려오는 크리스마스 캐롤은 흥겨웠지만 마음 한편은 장만옥과 전차길을 걸으며 형의 옷을 물려 입지 않는 친구들을 보며 가난을 알았다는 유덕화처럼 우울하고 창피하다는 생각이었다. 그저 돈 없어도 비디오데크가 없어도 공짜로 볼 수 있는 주말의 명화와 토요명화가 성탄절이니 재밌는 영화를 해주겠지 라고 애써 기분을 돌릴 수밖에 없는 초라한 나이였다.

당시 영화포스터가 붙여진 가게에는 극장에서 광고비 대신 주는 초대권이 있었고, 나와 같은 조무래기들은 정식 입장권보다 싸게 파는 초대권을 구하러 금요일만 되면 온 동네를 뒤지러 다녔다. 당시 신작 영화들은 토요일 개봉이 불문율로 여겨졌으나 1998년부터 확산된 멀티플렉스 극장들의 주말 흥행 입소문 경쟁에서 우위를 점하기 위해 금요일, 목요일, 수요일 등으로 변칙적으로 개봉되며 바뀌어갔다. 광주 최초 멀티플렉스 극

2013년 12월 광주극장　　　　　2013년 12월 아세아극장

2019년 삼호극장   2019년 신동아극장   ⓒ 한재섭

장은 현재도 건물이 그대로 남아 있는 엔터시네마(1999년 개관, 충장로 5가 78)이다.

아마 중학교 2학년 때였을 것이다. 초대권이 거래된다는 놀라운 사실을 알게 된 것이. 그전 중학교 1학년때는 계림동 헌책방 골목을 알게 되었다. 교복을 맞추러 간 계림동 싸구려 양복점 주변으로 책들이 길가에 활어 떼마냥 퍼득퍼득 쌓여 있었고 사람들은 책값을 놓고 흥정하고 있었다. 그때 나에게 책은 식탁이 있는 집에서 온 가족이 둘러앉아 밥을 먹는 사람들이나 보는 것이었다. 책을 산다는 것은 전과와 문제집이 전부였고 계몽사 문고와 같은 책들은 엄마 손에 크다시피 한 막둥이 외삼촌이 고속버스를 타고 와 머리를 쓰다듬으며 주던 것이 다였다.

책을 판다. 무슨 책을 팔까. 집을 뒤지니 역시나 책을 안 보는 누이들의 책부터 팔기 시작해서 중1 때 극장비를 마련하고 중2가 되서부턴 중1 때 교과서와 문제집 들을 팔아 극장비를 충당했다. 그런데 초대권의 이 경천동지할 만한 지하시장을 알게 된 후부터는 금요일이 너무 바빠졌다.

광주천을 건너면 시내라 한일극장(양동 138 현 백세요양병원, 1965년 개관)을 기점으로 양동시장으로 내려가서 닭전머리와 광주MBC를 크게 돌아 무진중 옆이던 집으로 돌아오는 것이 초대권을 구하는 주된 코스였다. 그래도 구하지 못하는 표가 있으면 서현교회와 대성초등학교를 지나 백운동 까치고개까지 돌고 오는 것이 두 번째였다.

철물점, 자동차 카센터, 슈퍼마켓, 빵집, 전파사, 술집 등 포스터가 붙여진 어지간한 상점들은 모두 들어갔고 계속 인이 박히니 어떤 가게에서 두 장에 2천 원에 파는지 3천 원에 파는지까지 알게 되었다. 그러면 나는 웃돈 5백 원을 더 줘서라도 무조건 1장만을 구했다. 함께 영화 보는 친구가 없어서이기도 하지만 영화를 왜 둘이 보는지 몰랐기 때문이다. 학교에서 단체관람이나 친구들끼리 우르르 몰려가서 보는 것도 썩 좋아하지 않았고 내밀한 누군가와 극장에 함께 다니게 된 것은 2003년 10월 21일 광주극장에서 지금의 각시와 영화를 보고서부터이다. 왜 귀찮게 옆자리 때문에 이 귀한 영화를 보는 내내 방해받아야 하는지를 도무지 이해할 수 없었던 나이였다.

학교가 파하고 늦은 오후 광주천에 비치는 석양을 마주 보며 한일극장과 태평극장, 현대극장(수기동 23, 1961년 개관), 아세아극장(유동 50, 1968년 개관)에 걸린 영화 간판을 보며 구하러 다녔던 초대권은 사춘기가 무엇인지도 몰라야 했을 나의 가난한 풍경을 잠시나마 부자로 만들어준 VIP입장권이었다.

그래서 한일극장에서 양조위가 지금처럼의 위력이 없던 때의 〈천약유정〉(1991), 성룡이 한 번도 웃지 않아 놀란 〈중안조〉(1993), 허름한 극장이 영화의 중요한 모티브가 되는 〈마지막 액션 히어로〉(1993), 〈늑대와 춤을〉(1990)의 성공 이후 유행한 할리우드 수정주의 서부극인 〈붉은 사슴비〉(1993)를 본 기억이 떠오른다. 이미 내가 다니던 때에도 여름에 가면 벽에서 습기가 차 물이 흐르던 기억이 있는데, 한 가지 주목할 점은 한일극장 바로 옆엔 무등양말(MDC)공장(양동 131)이 있었다. 몇년 전까지만 해도 무등양말공장의 흔적이 있었고 주변으로 가내수공업 형태의 면장갑공장, 수건공장 등이 있었는데 이는 극장이 공장 노동자를 매력적인 고객층으로 보았다는 증거이다. 무등양말은 1935년 조선인 자본으로 세워진 공장이었고 1980년대에는 서수남이 부른 TV광고송을 만들 정도로 건재한 기업이었다.

문화극장(임동 122-125, 1964년 개관)은 아예 전남방직에서 직원들의 '문화'생활을 위해 세운 극장으로 바로 옆 일신방직 노동자들까지를 타겟으로 삼은 극장이었다. 문화극장이 생기기 전에 노동자들은 광주천변을 따라 현대극장과 태평극장으로 영화를 보러 다녔다. 정확하게 짜인 근무시간이라 멀리 시내까지 영화를 보러 다니다 혹 탈출이라도 할까 회사가 극장까지 만들어 운영한 것은 아닌가 하는 생각이 든다. 당시 전라도 여성들에게 최고의 직장으로 치부되었지만 공장 안의 살인적인 습한 온도와 가혹한 기숙사 생활은 어린 소녀들을 지치게 만들었기 때문이다.

사실 공장과 극장은 비슷한 신체리듬을 갖고 있다. 종이 울리면 지정된 자리에 앉고 주의를 산만하게 만드는 다른 행동은 허락되지 않고 똑같은 자세를 유지해야 하는 것이 말이다. 공교롭게 근대 자본주의 생산체제인 공장과 오락거리인 극장의 규율은 똑같고, 그것은 지금 21세기에도 마찬가지다. 그래서 개개인 모두 스마트폰으로 영화를 보는 신체극장을 소유하게 되니 공장과 같은 규율을 요구하는 극장문화가 쇠락하는 것은 아닌지 싶다.

현대극장은 광산군과 목포까지 이어지는 도로를 잇는 광주대교와 광주역(동부소방서 자리, 1969년에 현 중흥동으로 이전)을 잇는 교통의 중심지에 있었다. 그러다 보니 1976년 대인동 공용터미널이 생기기 전까지 현대극장에서 광주역까지는 전남북의 주요 지역을 연결하는 여객버스 회사들이 줄지어 있었다. 그리고 현대극장 기준으로 좌우에 전남과 일신방직, 무등양말공장이 있었고 건너편엔 양동시장이 있었다. 그러니 현대극장은 일제 강점기부터 광주천의 물과 너른 강변을 중심으로 개발된 공장과 시장의 노동자들, 그곳에 삶의 목구멍을 대고 있는 사람들을 상대로 세워진 것이었다. 그리고 광주천에 기대 살아가는 사람들을 상대로 극장에서 쌓은 부와 노하우로 최승남·최승호 형제가 1964년에 광주문화방송국(대인동 190-6)을 설립할 수 있었던 것이다.

내게 현대극장은 고등학교 시절 집으로 오는 6번 버스의 정류장이었다. 아침에는 한일극장(정확히는 지금의 광주미디어아트플랫폼) 앞에서 탔다. 〈동방불패2〉(1993) 개봉 기념으로 방한한 왕조현이 사인회를 했던 곳이고 나는 공교롭게 〈아버지의 이름으로〉(1994)를 보았다. 아버지란 말만 들어도 혐오를 지껄였던 내가 그 영화를 본 이유는 전적으로 전해 피카디리 극장(호남동 23-82 2층, 1984년 개관)에서 본 〈라스트 모히칸〉(1992)의 다니엘 데이 루이스 때문이었다. 그리고 2014년 6월 20일 현대극장이 모두의 무관심 속에 죽어가던 날 나는 광주천을 지나고 있었다.

　태평극장은 이창성 사진가가 28년 만에 내놓은 오월 사진에 몇 컷 등장한다. 사진에 찍힌 극장 간판에는 임권택의 〈신궁〉(1979)과 최경옥의 〈여마적〉(1968, 신상옥 제작)이 있었다. 1980년 항쟁기간 태평극장은 도청으로 진입하려는 시위대와 이를 막으려는 계엄군 사이에 충돌이 빈번하게 있었던 곳이었다. 계엄군에 막힌 금남로를 우회하기 위해 광주천변과 광주공원으로 흩어진 시위대가 현대극장과 태평극장과 같은 주요 길목에 있는 극장에서 재규합을 시도하며 중요 충돌 현장이 된 것이다. 1987년 6월 항쟁 당시에도 광주천 건너 서현교회가 항쟁의 거점이 되며 광주천을 사이에 둔 태평극장은 전경과 시민들이 서로의 선을 지키는 마지노선이기도 했다. 광주천을 경계로 서구와 동구의 관할구역이 갈라져 경찰들이 주춤거린 것도 한 이유였다.

　계림극장과 같은 프린트의 영화를 상영하던 태평극장은 1987년 6월 항쟁과 1988년 서울올림픽으로 본격화된 UIP직배체제에 맞춰 극장을 개보수 하고 할리우드 영화를 주로 상영했다. '1957년부터 극장입니다'는 개보수 이후 광주천변 쪽 벽면에 새겨넣은 것으로 이후 태평극장의 상징처럼 되었다. 아카데미 극장도 아침 뉴스 끝난 8시 전후나 주말 TV 예고

편 광고 마지막에 '볼만합니다. 아카데미 극장!'을 넣으며 시그니처가 되었다.

개봉관에서 시작해 동시개봉관의 입소문으로 몇 달 동안 상영되고 비디오시장까지 장악하며 한국의 컬트영화는 홍콩영화라고 불릴 정도의 전성기를 구가하던 홍콩느와르가 1997년 홍콩반환에 대한 공포감으로 한 풀 꺾이던 시점에서 할리우드 대작 영화들이 쏟아졌다. 태평극장에서 〈쥬라기공원〉(1993), 〈쉰들러리스트〉(1994)가 개봉했을 때 조조프로부터 저녁까지 세무서 쪽으로 길게 늘어선 줄이 이후에도 〈포레스트 검프〉(1994), 〈미션 임파셔블〉(1996) 등으로 흥행을 이어 나갔지만 멀티플렉스의 거센 파고를 못 이기고 2002년 문을 닫는다.

태평극장과 바로 길 건너 성도시네마(호남동 35-3, 1983년 개관), 그리고 광주공원에서 광주극장 가는 길목에 있던 피카디리극장을 직선으로 연결하면 당시 남성 성소수자들이 약속을 주고 받던 곳이 나온다. 태평극장 건너 지하 맥줏집, 피카디리극장과 그곳에서 광주교 다리를 건너면 서 있는 것조차 힘들어 보이던 나무 아래 광주공원의 벤치들과 구동체육관(1965년 건립 2008년 철거) 주변의 국밥집 골목들은 어쩌면 광주의 종로 3가 같은 곳이었는지 모른다. 기형도가 죽은 종로의 극장처럼 임순례 〈세친구〉(1996)의 삼류극장처럼 이제는 콘크리트 아파트로 광물화(강석경)되어버리기 전 절망 속에서도 사랑과 희망이 넘실대던 광주의 옛 모습들 말이다.

나는 1994년 12월 10일 성도시네마에서 〈나쁜 피〉(1986)를 보았다. 성도시네마는 광주 최초 소극장이었고 이는 1970년대 텔레비전의 대중화로 인한 극장 산업의 쇠퇴, 전두환의 3S 정책으로 통금이 해제되고 심야 에로 영화 상영이 극장흥행의 중요 수단으로 되며 1981년 300석 이하 객석

면적 300제곱미터 이하 공연장이 설치 허가대상에서 제외됐기 때문이다. 대인동 터미널 주변의 삼류극장들이 1984년 이후 우후죽순처럼 생겨난 한 이유이기도 하다.

일제 강점기부터 광주천과 광주읍성을 중심으로 형성된 충장로 상권과 관공서 중심에서 1950년대 점차 외곽으로 도시가 확장되면서 극장에 대한 수요도 늘어났다. 1950년대 광주에는 광주극장, 무등극장, 천일극장(학동 71, 1958년 개관), 남도극장(금동 40, 1957년 개관), 태평극장(호남동 48, 1957년 개관), 신영극장(금남로 5가 12, 1954년 개관하고 1966년 대한극장으로 확장), 중앙극장(금남로 5가 147, 1958년 개관) 등 광주천변을 중심으로 형성되어 있었는데 계림극장은 계림동 오거리와 대인시장 쪽으로 당시엔 시내권과 멀찍이 떨어져 있었다.

1958년 개관한 계림극장(중앙로 239, 1958. 6. 21.~2001년 폐관/2008년 건물 철거)은 도심만큼 확장되는 도시민들의 욕망이 반영된 것이었다. 지상 3층 건물로 800석 규모를 자랑했고 1975년 8월 27일부터 뉴계림극장이란 상호를 썼으나 우리들은 계림극장으로 불렀고 광주공원 아래 한일극장과 같은 영화를 상영해 '계림한일', '태평아세아'는 하나의 동일어 같았다.

당시는 배급사에서 영화 프린트를 몇 벌밖에 안 주었기 때문에 같은 영화를 상영하는 극장들이 있었고 한 타임이 끝나면 자전거를 타고 프린트를 극장 간에 주고 받는 풍경들이 흔했다. 〈시네마천국〉(1988)에는 이 마을에서 저 마을로 상영시간에 맞춰 필름을 배달하다 지쳐 떨어지는 극장 직원의 모습이 묘사되어 있다.

계림극장 개관 후 1963년 1월 1일에는 시민관(대인동 190번지)이 대인시장 옆(지금 한미쇼핑 뒷편)에 개관했는데 시민관은 향토기업인 한미제과 사장인 배류인이 동생 백정인과 1983년 8월 폐관할 때까지 운영했다.

후에 그들은 자리를 옮겨 1983년 9월 30일 충장로 5가 쪽에 아카데미극장(사장 변우연, 충장로 5가 80번지)을 개관했고 1990년에는 2개의 상영관으로 확장했고, 1995년 무등극장도 무등아트홀(호남동 3-10, 현재 현대오피스텔 지하)이란 이름으로 당시 예술영화가 팔리는 기류에 맞춰 예술영화를 주로 상영하는 별관을 열기도 했다. 아카데미 1관은 2002년, 아카데미 2관은 2003년, 무등극장은 2012년 폐관한다.

뉴코아극장(대인동 323-9, 1987년 개관), 라인극장(대인동 324-10, 1987년 개관), 다모아극장(금남로 5가 177-3, 후에 궁전아트홀로 변경) 터미널 근처에 락희극장(대인동 198-3, 1983년 개관), 로얄극장(대인동 21-5, 1984년 개관), 스카라 극장(금남로 5가 59, 1984년 개관), 삼호극장(대인동 4-2, 1985년 개관) 등은 모두 1976년부터 광주시외버스 종합터미널로 운영되던 대인동 공용터미널과 대인시장 사이에 즐비했던 극장들로 모두 삼류극장이었다.

나는 이 극장들에 걸린 에로영화 간판만을 보았을 뿐 들어가 보질 못했고 그래도 홍콩영화를 상영하던 한성극장(대인동 190-4, 3층, 1984년 개관)과 계림극장이 나의 아지트였고 다모아극장은 1997년 궁전아트홀이란 이름으로 바뀌며 들어갈 수 있었다. 한성극장에서 〈첩혈가두〉(1990), 〈호소자6〉(1990), 〈에스마담 중간인〉(1990)을 본 기억이 있다. 〈트레인스포팅〉(1997), 〈라빠르망〉(1997)을 궁전아트홀에서 보았는데 당시 예술영화가 흥행이 된다는 공식은 '섹스에 대한 모든 상상이 이루어지는 모든 곳'이란 카피로 바뀌며 성인영화 전용관으로 바뀌었다.

아세아극장에서 본 영화는 〈도성〉(1990), 〈제8요일〉(1996), 〈셰익스피어 인 러브〉(1999)가 생각나는데 〈제8요일〉은 수능이 끝난 겨울 시골

전학생이란 이유 때문에 초등학교 6학년 내내 홍콩영화처럼 함께 광주를 싸돌아다닌 세 명의 친구들과 본 영화였다. 영화가 끝나고 눈이 녹아 언 빙판길을 미친 속도로 질주해 남도예술회관 뒤편에 살던 친구집에 모여 술을 마셨다. 술 때문만은 아니었다. '나쁜 피'처럼 '트레인 스포팅'처럼 인생의 갈림에서 가르쳐주는 사람도 하나 없이 어떻게 인생을 사랑해야 할지 몰라 전력으로 질주하는 것만이 세상으로부터 벗어나는 유일한 방법이었다. 달리자 동지들, 낡은 세계가 너의 뒤에 있다(1968년 5월). 대학을 가며 광주를 떠나는 친구들과 마지막 술자리는 아니게 되었지만 나는 그 친구들과 그 후로 한 번도 같이 극장에 가 본 적이 없다.

계림, 한일, 아세아, 태평, 한성, 로얄, 삼호, 푸른, 궁전, 남도, 허리우드, 성도, 피카디리, 동해 등의 삼류극장과 무등, 제일, 현대, 아카데미, 신동아극장도 광주극장을 제외하고 모두 사라져버렸다. 광주극장도 외로울 것이다. 20세기에 만난 나를 스치고 간 사람들처럼 아직도 사람들 눈에 들키지 않게 숨어 있는 건물 꼭대기나 귀퉁이에 남아 있는 극장 흔적을 보면 마냥 반갑다가도 무력감에 젖는 나이가 되어버렸다.

> 추신
>
> 모든 게 결핍으로 충만했던 그 시절을 달래준 것이 한 가지 더 있었는데 〈정은임의 FM영화음악〉(1992년 11월 2일~1995년 4월 1일/2003년 10월 21일~2004년 4월 26일)이었다. 초대권으로 영화보는 법을 알려주었던 뒷자리에 앉았던 녀석이 이것도 모르면서 영화 좋아하냐며 놀리며 알려주었는데 지금도 팟캐스트로 듣고 있다. 정기적으로 라디오에 출연한 정성일, 박찬욱 등이 들려주는 세계영화(사)의 어떤 경향들을 한마디라도 놓칠세라 녹음테이프를

죽기 살기로 되감기 하며 필사했다. 지금도 그 노트가 남아 있다. 그녀는 필름으로 운영되는 시네마테크도 인터넷의 다운로드도 없고 오로지 책을 통해서만 영화를 공부해야 했던 시절, 유일하게 복제되거나 요란스런 주석이 달리지 않은 오리지널 필름 그 자체였다. 당시 우리에게 영화광으로 가는 마지막 비상구는 그녀였고 그녀와 함께하는 새벽 12시가 우리와 영화의 진솔하고 진실된 해방구였다.

수많은 이들에게 전설처럼 회자되듯 나도 「님을 위한 행진곡」, 「인터내셔널가」 같은 노래를 처음 들은 곳이었지만 무엇보다도 「가자 노동해방」의 원곡 「Janek Wiśniewski Padł」을 만난 곳이었다. 원곡은 안제이 바이다의 〈철의 사나이〉(1981)에 삽입된 노래인데 기타 하나에 여성의 목소리가 전부로 처음 들었을 때 살이 찢겨나가는 것 같은 충격이었다.

한편 정은임 때문에 머리에 총알이 박힌 것처럼 〈열혈남아〉(1989)와 〈천장지구〉(1990)와 같은 홍콩영화들의 음악을 들었다. 난 지금도 삼류극장을 가득 메웠던 홍콩영화에 열광한 사람들이 생생히 떠오른다. 특히 당시 유덕화는 친구를 대신해 죽는 죽음의 아이콘이었다. 조무래기가 뭘 알았겠냐만 대인광장과 광주역 금남로를 가득 메웠던 시위대들이 부르짖던 이철규·박승희·강경대 열사의 억울한 죽음의 진실을 요구하는 함성은 극장 안에서 강호의 의리가 땅에 떨어지고 친구를 죽인 배신자를 복수하기 위해 목숨을 거는 것이 정의였던 홍콩영화에 웃고 울던 사람들과 다를 게 없었다. 난 지금도 1980~1990년대 홍콩영화의 사회학이 가능하다고 믿고 있다.

#4 해피 투게더, 광주극장

2003년 2월 20일 광주극장 김형수 이사님과 인터뷰를 했다.
"사실 지난 시절의 향수나 문화공간들이 삼류극장이네 어쩌네 하면서 너무 쉽게 부정되진 않았나 싶다. 그 당시 우리 같은 단일관들은 최상은 아니었지만 최선이었다고 생각된다. 광주극장은 여러분들이 어느 정도 나이가 들고 시간이 많이 흘러도 항상 옆에 있는 친구처럼 그렇게 좋은 기억을 갖을 수 있는 극장으로 남고 싶은 게 가장 큰 욕심이고 바람이다."
지난 세기 영화에 미친 인간들끼리 만나면 꼭 자기의 영화체험을 유일무이한 아우라처럼 일장 연설을 늘어놓게 되는데 그때 내가 자랑하는 두 가지가 있다. 계림극장에서 〈아비정전〉을 본 것과 광주극장 구내식당에서 잔치국수를 먹어 봤다는 자랑이다. 그날 함께 간 영화동아리 친구들과 인터뷰가 끝나고 우리는 김형수 이사님의 배려로 광주극장 구내식당에서 잔치국수를 먹었다.
Y형이 주도해 함께 만든 영화동아리는 광주극장에 빚을 지고 있었다. 학내 영화제를 할 때 우리는 광주극장에 후원을 요청했고 김형수 이사님은 흔쾌히 거금을 쾌척해주셨지만 아버지 영화를 죽이겠다며 성질만 더러웠던 우리들의 여물지 않은 세상에 대한 분노로 영화제가 파행이 되버리면서 약속한 홍보를 하지 못했고 그것이 늘 마음의 빚처럼 남아 있었다.
마침 새로운 세기를 맞아 신입생 홍보도 할 겸 영화제를 개최하며 자료집에 우리가 가장 애정하는 광주극장 인터뷰를 실기로 해 그날 인터뷰가 이루어진 것이었다. 제안은 했지만 내심 나는 광주극장이 예술영화전용관이 되는 것이 사실 못마땅했다. 광주극장은 2002년 12월 26일 하이

퍼텍 나다, 미로스페이스와 국내 1호 예술영화전용관으로 지정되었다. 극장이란 곳이 모든 영화를 상영해도 부족할 판에 예술영화 상업영화 나눠서 튼다는 것이 마치 영화의 위계를 만들고 서열화 시키는 것처럼 느껴졌기 때문이다.

홍콩이 영국에서 중국으로 반환되고 난 뒤에야 국내 수입이 허가된 왕가위의 〈해피투게더〉(1997)가 광주극장에서 개봉했다. 1998년 8월 29일 개봉 이벤트로 심야상영을 하고 양조위와 전화연결을 하며 관객들을 불러 모았다. 영화로 세상 보기가 1997년 피카디리극장을 빌려 진행한 라스 폰 트리에의 〈킹덤〉(1994) 심야상영이나 〈신세기 에반게리온〉 TV시리즈(1995)는 대흥행이었고 몇 달간 밀린 사무실 월세를 탕감할 수 있었을 정도로 사람들은 새로운 극장 체험에 목말라 있었다.

여튼 우리도 밤에 광주극장에 쳐들어갔고 양조위의 목소리를 듣고 박차고 나와 아무 죄도 없는 〈해피투게더〉 포스터에 불을 질러 담배를 폈다. 이건 〈영웅본색〉(1986)의 주윤발에 대한 오마주였을 것이다. 1995년 가을부터 도시의 사운드는 〈중경삼림〉(1994)의 「캘리포니안 드리밍(California Dreamin)」과 〈씨클로〉(1996)의 「크립(creep)」이었고 빨간 하트가 그려진 티셔츠가 활보하고 있었지만, 스무 살 우리는 아무리 채워도 허기지는 생명연습(김승옥)을 한답시고 불량기 가득한 위악질을 내뱉은 것이었다.

꿈조차 나이가 먹은 2023년, 극장과 필름 시절 가난한 영화주의자였던 내가 그런 짓을 했다는 것조차 미안할 정도로 지금의 광주극장은 보는 것만으로도 닳아질까 가슴 졸일 때가 많다. 너와 나의 20세기에 우리가 애타게 사랑을 찾아 헤맸으나 누구도 사랑해주지 않았던 시절의 생생한 고통이 남아 있는 극장이 아직도 살아 있다는 생각에서이다. 1935년부터

지금까지 매일 영화를 상영하고 있는 광주극장이 있기에 아무리 날고 기는 영화제들이 있어도 광주를 따라잡을 도시는 없다는 자부심은 그 다음이다.

역시나 또 광주극장에 빚을 갚지 못했지만(인터넷 DVIX파일 영화다운로드시대가 열려) 얼마 관객도 없던 3일간의 영화제 서문에는 다음과 같은 문장이 써져 있다.

"어떻게 살아야 될 것인가? 어떻게 영화는 만들어지고 어떻게 받아들여져야 될 것인가? 그래서 저희들의 삶을 극단의 개인주의적이고 소비적인 굴레들 속에서 벗어나 좀 더 솔직하고 진실된 삶을 살 수 있을까에 영화가 작은 도움이 됐으면 하는 바람입니다.

그것은 영화가 관음증적인 그리고 소비적이고 즉물적인 예술이 아니고, 자신만의 자위적이고 오만한 몇몇 먹물들의 담론에 오염되지 않고 주체성 있는 개인들 건강하고 자유로운 대중들에게 온전히 받아들여져야 된다는 믿음으로 새로운 영화들을, 새로운 세기를 저희는 기다립니다.

그것이 지난 100여 년의 영화사에 대한 저희들의 찬사이며, 예술 중 가장 짧은 역사를 가진 영화가 스무 살 남짓의 저희들에게 어필할 수 있었던 가장 큰 매력이었다고 생각되기 때문입니다."

〈해피투게더〉는 장국영의 "우리 다시 시작하자"로 시작하는데 그때는 언제든지 그럴 수 있을 것이라고 믿었었다. 그래서 온통 패악질로 관통하는 스무 살을 보냈는지도. 그러나 광주극장과 인터뷰가 끝난 얼마 후 장국영은 죽었고 나는 이제 장국영보다 더 늙은 나이가 되었다. 나는 광주극장을 생각할 때 서극의 〈칼〉(1995)에서 아무것도 빼앗기지 않았던 시절의 옛 친구들을 기다리며 아편에 취해 있는 여주인공 같다는 생각을 한다. 그럼에도 모든 것을 무릅쓰고 우리들의 정념이 깊은 자국으로 남아 도시의 기억을 간직하며 죽지 않고 살아 있는 광주극장을 보며 〈해피투게더〉의 마지막 내레이션을 되새김질한다. 광주가 광물화되기 전의 우리의 극장들과 함께 다짐한다.

"그가 왜 항상 행복한 표정으로 여행을 다니는지 알았다. 그에겐 아무 때나 돌아와도 환영하는 곳이 있기 때문이다."

그래서 광주극장과 함께 영화를 보는 당신, 아유 해피투게더?

추신

장선우의 〈한국영화, 씻김〉(1995)에는 1980년 5월 광주의 극장들을 접수해 휴식을 취하고 시민들을 진압한 계엄군의 기억이 당시 아카데미 극장 관계자의 입을 통해 기록되어 있다. 〈한국영화, 씻김〉은 영화탄생 백주년 기념으로 영국 BFI가 의뢰해 만든 다큐멘터리로 오시마 나기사·장 뤽 고다르·마틴 스콜세즈 등이 참여한 세계적인 프로젝트였다.

〈한국영화, 씻김〉은 동학에서 오월까지 길에서 객사한 유령들이 만들어낸 한국현대사 바깥으로 밀려난 이미지들을 쫓으며 한국영화사를 서술하고 있다. 올해 9월 광주독립영화관에서 최초의 극장 상영이 있었고 마치 비난수(김소월)하듯 잊힌 조상의 그림자가 집으로 찾아오길 바라는 제사와 같은 의례가 되길 바랐다.

나는 1995년 5·18특별법 제정시위가 벌어지던 금남로에서 특별판으로 뿌려진 1980년 6월 2일자 신문(십 일만에 발행된)을 가지고 있다. 거기에는 광주 시내 극장에서 상영된 영화들 광고가 있다. 십 일간 봉쇄되었던 도시의 광장이 닫히고 극장이 열리던 날 사람들은 영화를 보러 갔을까? 사랑이 넘치는 신세계였던 광장의 정념들을 간직한 채 무슨 영화를 보았을까? 그 사람들은 모두 어디로 떠났을까?

1980년 이후 광주는 스산한 무덤 위에서 해방된 미디어가 출몰하는 아방가르드의 최전선이었다. 이불 둘러쓰고 카세트테이프에 광주의 유인물을 육성으로 녹음하고, 새벽 기찻길 옆 집에서 「님을 위한 행진곡」을 부르고 녹음한 카세트테이프, 사람들의 소문—이때 소문은 진실이다—을 수집채록 해 여관방에서 『넘어 넘어』를 쓰고, 해외에서 들여온 광주비디오의 복사와 유포. 모든 것을 무릅쓴 신체와 신체를 통한 옮김, 비밀리에 복사와 복사를 통한 무한대의 유포를 이뤄내며 불법 미디어는 다른 사람들의 신체를 감염시키고 정동을 이뤄내 그들 신체를 해방시켰다.

1980년대 가장 숭고한 영화운동이랄 수 있는 광주비디오 상영운동과 비디오꼬뮌을 만들어 간 것이다. 그것은 영화는 원본의 구속이 아니라 복사본의 해방이며, 관객은 수동적인 수신자가 아닌 능동적인 발신자라는 사실의 재확인이었다. 광주비디오의 주인공이자 엑스트라는 모두 이름 없는 사람들이다. 윤상원도 전두환도 아니다. 그러나 광주비디오를 본 사람들은 모두 그들 이름 없는 사람들에게 정동했다. 그럼으로써 1980년 광주(비디오)가 한국영화가 성장할 수 있는 가장 중요한 자양분, 즉 영화는 정동과 우애의

미디어라는 인식의 전환을 제공한 것이다. 해방된 신체와 미디어로써 영화. 광장이 닫히고 극장이 열린 자리에서 영화는 그렇게 사람들에게 왔다.

사십삼 년 전 극장광고, 그리고 지금 우리 곁을 지키고 있는 광주극장을 보며 상상해야 할 것은 꿈에 빠져 노니는 복고가 아닌 눈을 비비고 꿈에서 깨어나 정동과 우애의 미디어로서 영화와 극장을 어떻게 복원하느냐의 문제여야기 때문이다.

참고한 책

박선홍, 『광주 100년 1』(심미안, 2012)
위경혜, 『광주의 극장 문화사』(다지리, 2005)
김만석, 「1930년 수기옥정 봄」, 『광주모노그래프1』(화성에스지아이, 2019)
한국현대사사료연구소, 『광주오월민중항쟁사료전집』(풀빛, 1990)

나의 사랑

양림동

포크레인이 들어와 어린 시절 친구들 집이며, 누군가를 기다리던 전봇대와 가로등이 부서져 나갔다. 양림동에 처음 이사 와서 살았던 철로변 기와집도 부서졌다. 나는 지상에서 마지막으로 사라지는 풍경 속으로 매일 들어가 부서지기 직전의 집 창틀을 수거해 모았다. 초등학교 때 친구들 집 창틀도 고등학교 때 친구들이 자취하던 집의 창틀도 조심스럽게 뜯어서 모아두었다. 나는 그 모아진 낡은 창틀에 지금은 사라진 양림동 풍경들을, 사람들을 그렸다.

나의 사랑 양림동

한희원

에메랄드빛 잔 같은 산자락에
대나무들 올곧게 솟아오르고
기쁨의 폭포수는 은빛 날개들로부터
접시 속 분지로 굽이쳐 냇물로 흐르는데
나무들은 잎사귀를 그늘 아래 감추는구나
밤이면 수천 가옥에 불빛이 아물거리고
생명은 영원한 조수처럼 흐르는구나
비옥한 들판은 부드러운 녹빛 벨벳으로 빛나고
점점이 흰 구름 수놓은 하늘은 깊은 바다 푸른빛으로 빛나는구나
일찍이 이처럼 아름다운 곳이 없나니
조선의 빛이여
조선의 자랑이여
광주여

― 차종순 박사 번역, 「어느 선교사가 광주를 보며 양림동 산자락에서」

가을 오후의 햇살이 언덕을 넘어가고

　모든 지나간 시간들은 아득하게 다가온다. 외로웠던 시간들도 힘들어했던 시간들도 그 파편이 아픔보다는 그리움으로 남는다. 나이가 들수록 유년 시절의 아득함은 깊은 바닷속 알 수 없는 심연처럼 깊게 느껴진다. 어린 시절을 기억해 보면 바람처럼 어느 한 곳에 안착하지 못하고 떠돌아다녔다. 교직에 있었던 아버지를 따라 일이 년 사이로 새로운 곳에서 생활하였다. 아버지께서 교장으로 근무하셨던, 지금은 광주로 편입된 광산구 송정읍 송정리 785번지 송정여자중학교 관사에서 태어나 초등학교 3학년 때까지 담양, 나주, 함평, 광양을 전전했다. 친구들과 친해지려고 하면 전학을 가는 바람에 언제나 외톨이처럼 지냈다. 점점 말이 없어지고 무슨 일이든지 나서지 못하고 그림자같이 지냈었다.

　초등학교 3학년 때 잦은 이사에서 벗어나 아버지가 어느 곳에든지 안정된 생활을 하기 위해 양림동으로 가족들의 삶의 둥지를 결정하였다. 철부지 어린 시절 마주하게 된 양림동은 유년의 눈으로는 어머니처럼 포근하고 아름다웠다. 나중 화가 생활을 한 영혼의 바탕이 숙명처럼 다가왔다. 아마 독실한 기독교 신앙을 가진 부친으로서는 근대 초기 선교사들이 들어와 광주 최초로 선교활동을 한 곳이어서 양림동으로 거처를 정하게 된 것 같다.

　부친께서는 평양 숭실전문학교 문과를 졸업하셨는데 김현승 시인의 형 김현창과는 숭실전문학교 동기 동창이셨고, 김현승 시인은 문과 8년 후배였다. 교수로는 동경제대를 갓 졸업한 양주동 박사였다. 그 시절에 평양 숭실전문 학생 수가 30명가량이었고 부친은 양주동 박사의 첫 제자였다. 김현승 시인은 양림동에서 생의 3분의 2를 보냈는데 시인의 부친

「밤, 양림동 철길풍경」, Oil on canvas, 24×34cm, 1976. (필자의 대학시절 작품)

은 김창국 목사님이다. 시인의 사진을 보면 아름드리나무를 안고 찍은 사진이 있는데 언덕 위 양림교회에 서 있던 나무를 안고 찍은 장면이다. 언덕 위 교회 옆 시인이 살았던 집은 지금 사라지고 없어 그곳을 지나다 보면 안타까운 회환이 밀려온다.

무등산에서 발원하여 학동을 거쳐 양림산과 사직산 자락을 굽이쳐 흐르는 광주천은 그 유려한 모습이 아름다웠다. 천변에는 버드나무가 심어져 버들마을이라는 이름이 지어졌다. 뒤로는 양림산과 사직산이 낮게 자리 잡고 양림산 자락에서 보면 먼 곳에 보이는 무등산은 어머니 같은 모습으로 언제나 그곳에 있었다. 양림산 자락 아래에는 정자가 있는데 전주 경기전 참봉을 지낸 정낙교가 건립한 양파정이다. 정낙교의 호가 '양파'였는데 그 호를 따서 이름을 붙인 것이다. 정낙교의 큰아들이 정병호였는데 지금의 '이장우 가옥'이 원래 정병호의 소유였다.

어린 시절의 사직공원은 광주 시민의 휴식처였다. 양림동 아이들도 떼를 지어 사직공원 숲속에서 해가 기운 저녁까지 몰려다니며 놀았다. 더운 여름에는 학동까지 올라가 천에 들어가 수영을 하고 놀았다.

초등학교 3학년 때 처음 이사 온 집은 방림동으로 넘어가는 철길 옆이었다. 철길은 남광주역에서 광주천을 지나 효천까지 가는 기찻길이었다. 동요 「기찻길 옆 오막살이」가 연상되는 집이었는데 우리 집은 오막살이는 아니고 규모가 있는 기와집이었다.

기찻길 너머에는 방림동 쪽으로 옹기종기 모여 있는 마을과 그 너머로는 들녘이 펼쳐져 있었다. 그 들녘들이 지금은 거대한 도시로 변해 있으니 빛바랜 앨범 속의 흑백사진처럼 아련하다. 학교를 파하면 들길을 걸으며 놀았다. 방림동 쪽으로는 곳곳에 작은 둠벙과 흙더미 사이로 잡풀이 우거졌고 길은 끝이 없는 것같이 길었다. 철길 옆에는 작은 나무들이 우거진 숲이 있었다. 어느 날은 그곳에서 짝사랑에 빠진 젊은 청년이 자살했다는 흉흉한 소문이 나돌았다. 숲속에서 뛰어놀던 아이들은 한동안 언덕을 찾지 못했다. 재미있는 놀이가 별로 없던 시절이라 철로 위에 못이나 못 쓰는 동전을 올려놓고 기차가 지나간 후 납작해진 것들은 우리들의 즐거운 놀잇감이었다.

얼마를 지난 후 철로 변을 떠나 언덕 위 양림교회(기장) 아래로 이사를 왔다. 학강초등학교를 다녔던 나는 양림교회 언덕과 교회 마당이 놀이터였다. 아름드리 플라타너스, 포플러, 미루나무가 언덕 위에 즐비하게 서 있었고, 선교사가 지은 오래된 언덕 위 교회당은 동화 같은 모습으로 언제나 나를 맞이해주었다.

저녁 종

한희원

교회당 언덕에 오르면
저녁 종소리 들려온다

댕 댕
낡은 종탑의 종소리
어스름 거리를 느리게 지나간다

양림동 사람들은
저녁 종소리를 닮았다

「저녁 종」, Oil on canvas, 116.7×72.7cm, 1995.

교회당 옆 늙은 미루나무에 기대면
세상에서 가장 낮게 들려오는
종소리가 들려온다

나무에게도 종소리가 있다
지금은 떠나간 언덕 위 교회당 저녁 종소리
먼 그리움의 눈물이 덩하고 떨어지는 소리

가을 오후 햇살이
언덕을 넘어간다

    소낙비가 내린 후 학강초에 다니던 누나를 마중 나가려고 우산을 챙겨 언덕을 오르다 태어나서 처음 본 쌍무지개는 지금도 잊지 못하는 황홀한 아름다움이었다. 친구들과 놀이를 하다 언덕 위 나무 등걸에 앉아 아랫동네나 먼 시가지를 바라다보았다. 광주천을 건너서 남광주역이나 금동시장의 저녁 불빛이 얼마나 아름다웠던지.
    언덕 위에서 사직공원 쪽을 바라보면 양림산이 보였다. 숲이 우거진 사이로 큰 나무에 그네를 만들어놓고 그네놀이를 하는 금발의 이국 소녀들이 보였다. 어린 시절이라 선교사들이 있는지도 몰랐다. 양림산 자락 사이로 회색 벽돌로 지은 집들이 보였다. 먼지 묻은 신작로가 주 무대였던 양림동 조무래기들은 갈 수 없는 이상향이었다. 어느 날 몇몇 친구들이 그 숲을 찾아가서는 다시는 돌아오지 않았다는 소문이 돌았다. 지금 생각해 보면 피식 웃음이 나는 이야기들이다.
    광주천변을 끼고 있는 학강초등학교는 담 근처에 큰 버드나무들이 서 있었다. 양림동은 예부터 버드나무가 많이 우거져 있어 버들양(楊)과 수풀림(林)을 써 양림이라고 했다. 학강초등학교를 다니며 잊지 못할 선생님이 계셨다. 지금은 성함도 모습도 생각나지 않는데 수업이 끝난 후에 우리 반 담임 선생님은 우리를 교실에 남게 하고 이야기를 들려주셨다. 대부분이 슬픈 이야기여서 반 친구들은 눈이 붓고 빨개져 누가 보면 매일 매 맞은 줄로 알았겠지만 우리 반 아이들은 매일 선생님의 이야기를 들으며 새로운 세상을 만났다.

그중 가장 생생하게 기억에 남은 이야기는 '쌍무지개 뜨는 언덕'이다. 여러 차례로 나뉘어서 며칠간 들었는데 나중에 알고 보니 유명한 동화 소설이었다. 선생님께서는 나름대로 각색하여 들려주셨는데 소설보다 더 재미있었다. 그때 들었던 내용이 생생하게 남아 가끔 아이들에게 이야기를 들려주었다. 지금 작가로서 활동할 수 있는 내면의 양식도 양림의 숲과 거리와 선생님의 이야기 속에 담겨져 있었던 것 같다.

기찻길 옆집에서 언덕 위 마을 아래로 옮겨온 우리 집은 일층에 사랑채가 있었고, 마당에는 은행나무와 이름 모를 나무들이 우거져 있었다. 앞집과 뒷집은 판자로 담을 만들어서 대문을 통하지 않고 판자 사이로 들락거렸다. 집 건너편에는 고아원이 있었는데 고아원 이름은 신애원이었다. 신애원 아이들은 누구나 함부로 건들지 못했다. 교회 언덕 아래로 이사 온 후, 동네 친구들과 노는 장소는 언덕과 교회 마당이었다. 겨울에는 언덕길이 눈썰매장이어서 교회를 가는 어르신들은 살얼음판을 걷듯이 언덕길을 걸으셨다.

언덕 위 고목나무 사이로 미끄럼을 타서 지금은 이강하미술관이 있는 동사무소 아래까지 내려오면 신이 났다. 흙 미끄럼을 타다 보면 언제나 옷이 온통 흙투성이었다.

「오거리에서 바라본 양림교회」, 양림동 재개발시에 수거한 창틀에 유화, 61×59cm, 2010.

양림동의 유년 시절은 부모님과 떨어져 산 시기였다. 아버지께서는 오랫동안 병환으로 허약한 몸이신데도 시골 학교에 근무하셨다. 어머니께서는 그런 아버지를 돌보시는 데 모든 정성을 들여 정작 자녀들에게는 많은 손길을 주지 못하였다. 몇 달에 한 번씩 오시는 아버지는 갈수록 병환이 깊어져 나날이 여위어져 가셨다. 아버지가 집에 계실 때는 불안한 마음에 아버지의 병을 빨리 낫게 해달라고 기도를 드렸다. 아버지가 아픈 몸을 이끄시고 시골학교로 가시고 나면 나는 학교가 파하는 대로 양림동 곳곳을 쏘다니며 놀았다.

기독병원 쪽에서 사직공원 오르는 길에는 큰 공터가 있었다. 공터 주위에는 아름드리나무들이 즐비하게 서 있었다. 입구에는 어려운 환경에 처한 여성들을 모아 교육했던 조아라 여사님이 설립하신 성빈여사가 있었다. 조아라 여사님은 '광주의 어머니'라 불리었다. 광주수피아여학교를 다닐 때 광주학생독립운동에 참여해 옥고를 치렀다. 졸업한 후에도 신사참배를 거부해 또다시 옥고를 치렀고, YWCA운동에 평생을 헌신하였다. 광주민주화운동 시기에는 수습대책위원으로 활동하고 6개월 투옥되기도 하였다. 양림동에서 여사님이 기거한 곳에 2015년 '소심당 조아라 기념관'이 지어졌다. 지금 사직도서관이 있는 자리에도 아름드리 플라타너스가 서 있었다. 사직도서관이 있는 자리에는 유진벨 선교사가 1904년 지은 사택이 있었다. 어린 시절 보았던 그곳에는 선교사 사택이 사라지고 없었다. 수피아여학교 건너편에는 푸른 풀밭 위에 아름답고 오래된 석조 건물이 있었다. 양림동 아이들은 그 석조 건물이 있었던 풀밭과 사직공원으로 오르는 큰 공터에서도 놀았다. 지금은 사직공원 공터 주위에 있는 아름드리나무들이 다 잘려나가고 그 자리에 집들이 들어섰고, 석조 건물이 있던 곳에도 건물들이 들어서 있다.

오래된 교정과 숲, 양림동 학교

나는 학강초등학교와 숭일중고를 다녔으니 유년 시절과 청소년 시기를 양림동 울타리 안에서 보냈다. 숭일학교는 양림오거리부터 시작하여 오웬기념각을 안고 양림언덕 위아래까지 학교 부지였으니 지금 생각해 보면 양림동 중심부에 큰 면적을 차지하고 있었다. 숭일중고등학교 시절에 오웬기념각은 강당으로 사용되었다. 오웬기념각은 양쪽으로 똑같은 모양의 문이 만들어져 있었다. 바닥은 나무로 되어 있고, 천장은 높고, 안은 반 이층의 건물이었다. 학교를 다닐 때는 이 건물의 역사적인 의미도 모르고 드나들고 뛰어다녔다. 나중에 양림동의 수많은 유적지를 공부하면서 이 건물의 사연을 알게 되었다. 오웬기념각은 1909년 폐렴으로 42세에 돌아가신 오웬 선교사를 기념하기 위해 1914년 지어진 광주 최초의 공연장이다. 광주 최초의 문화행사가 이루어진 곳이며 강연회, 음악회, 학예회 등이 열렸다. 1920년에 김필례 음악발표회, 순정영화 〈쌍옥수〉가 상영되었고, 수피아여고 〈열세집〉 공연이 있었다. 최흥종 목사에 의해 광주 YMCA가 창설되는 근대 시민문화운동의 산실이다.

숭일고등학교 시절에는 오웬기념각을 수업이 끝난 후에는 태권도부 수련장소로 사용하였다. 숭일고등학교 1학년 때 우연히 접한 태권도는 나의 생의 진로를 뒤흔들어놓았다. 옆집 친구를 따라 가볍게 입문한 운동부는 수업이 끝나면 오웬기념각에 집합하여 운동을 하였다. 처음 접한 운동은 어색했고, 같이 시작한 친구들에 비해 더디게 늘었다. 운동시간이 끝나고 혼자 남아 샌드백을 두드리며 시작한 혼자만의 운동이 묘한 해방감을 주었다. 언제나 내성적이고 열등감이 심했던 청춘의 열기를 친구들이 집에 간 후 오웬기념각에서 밤이 늦도록 샌드백을 두드리며 풀어냈다. 운

「오웬기념각」, Oil on canvas, 51×80cm, 2016.

동을 시작한 후에는 매일 온통 땀에 젖어 집으로 돌아왔다. 공부는 멀어지고 운동에 깊게 빠져들었던 시기였다. 고등학교 시기에는 아버지의 병환이 깊어져 몰라보게 여위어 가셔서 집안에서 나의 장래에 대해 관심을 줄 수 없는 상황이었다.

고등학교 2학년 때, 갑자기 숭일학교가 운암동으로 이사를 갔다. 학생들은 영문도 모르는데 오랜 시간 속에서 양림동과 함께했던 숭일학교가 옮기게 된 것이다. 숭일학교가 운암동으로 옮기기 며칠 전, 전교생들은 자신이 쓰던 의자를 들고 운동장에 집합했다. 그 시절에는 운송 수단이 발달되어 있지 않아 우리들은 자기가 쓰던 의자를 들고 운암동에 새로 지은 학교까지 행진하였다. 마치 출정식을 방불케 하는 행진이었다. 팔팔한 청춘이어서인지 의자가 무거운 줄도 모르고 어깨에 짊어지고 철없이 웃고 떠들며 행진하였다. 오랜 세월 양림동에 터전을 잡고 수많은 역사적 사건을 겪어왔던 학교가 옮겨지는 순간인데 학교가 이사를 하게 된 사연도 모른 채 새로운 현대식 건물이 지어진 운암동 학교를 향해 행진하였다.

숭일학교는 세월이 흐른 지금 또 한 번 자리를 옮겨 일곡동 끝자락에 둥지를 틀고 있다. 몇 번 일곡동 모교를 방문했으나 몸에 맞지 않는 옷처럼 불편하고 고향을 잃어버린 이방인의 마음이었다.

양림동 숭일학교 시절 지금은 새로 조성된 펭귄마을 쪽의 학교 담은 돌담으로 되어 있었다. 우리 반 2층에서 내려다보면 골목길보다는 약간 넓은 길 너머로 오래된 초가집이 있었다. 초가집은 문화역사마을조성사업으로 길이 넓혀질 때까지 있었다. 초가집 너머로는 집들이 가족처럼 모여 있었다. 길 끝머리에 양림동의 상징적인 거리인 오거리가 있다. 오거리에는 그때는 귀한 아이스케키를 파는 가게와 목욕탕이 있었다. 어린 시절, 더운 여름날 아이들은 작은 일당을 받고 아이스케키 통을 들고 팔고 다녔다. 통에 들어 있는 아이스케키 맛은 황홀할 정도로 달콤했다. 우유를 약간 섞은 새로 개발된 맛은 지금의 어떤 아이스크림 맛보다도 좋았다.

양림동 숭일학교 시절 지금도 기억나는 웃지 못할 사건이 생각난다. 플라타너스가 앞을 가리고 있는 우리 반 급우들 몇이 바가지에 물을 퍼와 지나가는 사람들에게 물을 뿌리는 장난을 하였다. 지금 생각하면 웃음이 나올 만큼 어처구니없는 짓인데 특히 남자보다는 여성이 지나갈 때 더 짓궂게 물을 뿌렸다. 어느 날도 물을 뿌리다 드디어 사단이 났다. 학생과장 부인이 지나가는데 신분도 모르고 물을 뿌린 것이다. 부인은 머리끝까지 화가 나 물 범벅이 된 몰골로 학교 교무실에 와 학생과장에게 항의하였다. 학생들을 어떻게 가르치기에 이런 일을 저지르게 하느냐고 큰 소리로 따졌고, 학생과장은 화가 머리끝까지 올라 우리 반을 운동장에 집합시켰다. 몇몇 짓궂은 친구 때문에 큰일 났다고 투덜대며 운동장에 집합하였다. 한참 후 교련선생과 학생과장이 멀리서 몽둥이를 끌고 오는 모습이 보였다. 우리들은 오늘 죽는 날이구나 생각했다. 그래도 구세주가 있었다. 물 범벅이 된 사모님이 이러다 애들이 죽겠다 싶어 뛰어나와 말린 것이다. 사모님이 통사정을 하니 화가 좀 풀리셨는지 운동장에 모여 있던 우리 반 학생들에게 다시는 이런 장난을 하지 말라고 훈계를 하며 마무리되었다. 우리들은 가슴을 쓸어내고 교실로 들어왔다.

고등학교 시절에는 단체로 영화 관람을 하였다. 오전 수업만 하고 오후에 영화 관람을 한다고 하면 무엇이 그리 좋은지 온통 웃음꽃이다. 가을이었는데 그날 관람한 영화가 리칭이 주연한 홍콩영화 〈스잔나〉였다. 미모의 처녀가 뇌종양으로 죽어가는 심금을 울리는 애절한 영화였는데, 온 국민이 주제가를 부를 정도로 열광한 영화였다. 그날은 오전에 영화

관람을 하고 오후에 수업을 했는데 영화를 보고난 후 애절한 감정에 빠졌는지 온 교실이 우울한 분위기에 빠져들었다. 선생님은 수업에 들어와서는 혀를 끌끌 찼다. 내 뒤편 아이는 오후 내내 엎드려 있었는데, 노트에는 '스잔나'라는 여자 주인공 이름이 수백 번 써 있었다. 참 순박한 시절이었다. 나이가 들어 동창회 때 그 친구가 나와 물어봤더니, 전혀 기억이 나지 않는다고 한다. 속없고 철없던 기억들이다.

고3 마지막 가을 소풍을 마치고 친구들 몇이 학강초등학교 건너편에 있는 친구 집에 모여 고교 시절 마지막 소풍을 자축하였다. 초등학교 시절에도 학교 건너편에 친구 집이 있어 매일 몰려다니며 놀았다. 학교에는 버드나무가 몇 그루 심어져 있었는데, 학교를 신축하면서 마지막 남은 버드나무를 오거리 옆 펭귄마을에 옮겨놓았다. 지금은 버드나무 마을이었던 양림동에 유일하게 남은 버드나무이다. 학강초등학교 부근에 친구들이 많이 살았는데 고등학교 때도 마찬가지였다. 한참 좁은 방에 옹기종기 모여앉아 떠들고 노는데 한 친구가 조용히 내게 나오라고 하였다. 표정이 심상치가 않아서 나는 이유도 묻지 않고 자리를 빠져나왔다. 친구는 천변을 따라 걷자고 하였다. 밖은 날이 어둑해졌다. 학강다리에서 양림다리 쪽으로 걷다 친구는 잠깐 어디를 다녀오겠다고 기다리라 했다. 한참 후 친구는 손에 처음 본 음료수 병을 두 병 가져왔다. 얼굴이 너무 어두운 친구는 손에 든 병 속 음료를 벌컥벌컥 마셨다. 나에게도 마시라 했는데 냄새가 이상한데도 친구의 분위기에 끌려 나도 모르게 마셨다. 순식간에 마셨는데 그것은 독한 술이었다. 생전 처음 엉겁결에 독주를 마신 것이다. 한 발을 디디면 땅이 10미터는 꺼지고 한 발을 올리면 몸이 하늘로 올라갔다. 친구와 나는 어깨동무를 하고 천변을 따라 운암동까지 걸었다. 나중에 알았는데, 친구는 가족과 떨어져 혼자 자취를 하고 있었다. 유난히 감성적이었던 친구는 외로움을 견디기 어려워했던 것 같다. 미국으로 건너간 친구는 몇 해 전, 먼 이국에서 세상을 떠났다는 소식을 들려왔다. 지금도 처음 무심코 마신 독주에 취해 비틀거리며 걸었던 천변의 밤이 아스라이 생각난다.

음악가 정율성(1914~1976)도 숭일학교를 다니다 항일운동을 하러 중국으로 떠났다. 정율성은 수피아여고 교사였던 정해업의 5남 3녀 중 5남으로 태어나 3세인 1917년 화순 능주로 이사한 후 1922년 능주공립보통학교(현 능주 초등학교)에 입학한다. 1924년 다시 광주로 이사한 후 광주 숭일학교로 전학했으며, 15세 때인 1929년 전주 신흥중학교에 입학한다. 19세가 되던 해인 1933년, 조선혁명군사 정치간부학교 모집책이 되어 국내에 잠입한 넷째 형 정의은과 함께 중국 난징으로 건너가 조선혁명군사 정치간부학교에 입학한다. 이 학교는 약산 김원봉이 이끌던 의열단의 항일투쟁간부양성소였다. 이후 그는 난징에 있던 특수학교에서 스파이교육을 받고 난징과 상하이에서 일본군을 상대로 첩보활동을 하였다.[1]

동양의 차이코프스키라 불리었던 작곡가 정추(1923~2013)도 양림동에서 태어나 어린 시절 숭일학교 운동장에서 축구를 하며 응원가를 만들었다. 정추는 북한으로 간 형 영화감독 정준채의 권유로 평양으로 간 뒤 모스크바에 있는 차이코프스키 음악대학을 다니다 김일성 반대운동을 하여 카자흐스탄으로 추방되었다. 카자흐스탄에서 살았던 정추는 구십이 다 된 나이에 양림동에 와서 그 시절을 회고하며 눈시울을 붉혔다. 자신이 살았던 집이 없어지고, 작은 빌라가 서 있는 모습에 한참 동안 걸음을 떼지 못하였다. 정추의 이야기로는 화가 배동신이 어린 시절 양림 오거리

---

[1] 『역사를 배우며 문화에 노닐다』, 420쪽.

근처에 살았는데, 서커스 패들이나 광대놀음이 오면 제일 먼저 무대 앞에서 손나팔을 불고 다녔다 회고하였다.

   고등학교 시절 운동에 전념하다 보니 성적은 점점 하위로 떨어졌다. 걸어서 금방 갔던 학교와 달리 양림동에서 운암동으로 가는 시내버스는 콩나물시루처럼 사람들이 들이차 숨을 쉬기 어려웠다. 새로 지은 운암동 숭일학교는 무언가 생소했다. 오래된 교정과 숲, 그리고 수많은 시간의 추억이 깃든 양림동 학교를 잊을 수 없었다. 대학을 갈 수 없을 정도로 성적은 떨어지고, 고등학교를 졸업한 후 태권도로 인생을 갈 수 없는 상황을 알게 되었을 때, 수많은 공허가 밀려왔다. 1970년대 초에는 태권도로 진로를 결정할 수 있는 일이 극히 한정된 시절이었다. 재수를 결정하고는 거의 양림동 집에서 지냈다. 청춘의 늪 속에 허우적거릴 때 나에게 찾아온 것이 시였다. 무슨 연유로 시가 나에게 찾아온 것인지도 모른 채, 시를 쓰고 싶었다. 매일 시를 읽고 써 보았다. 고등학교 시절 대학을 다니던 바로 위에 형이 음악을 좋아하여 집 근처에 오면 언제나 형이 크게 틀어놓은 음악이 흘러나오곤 했다. 집에는 곳곳에 시집이 굴러다녀 무심히 시집을 읽었던 기억이 있다. 청마 유치환의 시집이 있어 탐독했고, 지금도 청마의 시를 좋아한다. 이런 연유에서인지 재수 시절 만나는 시는 나에게 구원이었다. 양림동 집 마당에는 어린 나무들과 큰 은행나무가 우거져 작은 숲을 이루고 있었다. 재수 시절에도 작은 마당이었지만 그 나무 사이에 있는 것을 좋아했다. 어린 시절 보았던 은행나무가 내 키가 크는 속도보다 훨씬 빠르게 자랐다. 갑자기 찾아온 시는 격렬한 운동에서 벗어나 사유의 시간을 주었다. 국문과를 가고 싶었으나 실력이 미치지 못하여 가지 못했다. 방황이 점점 절망으로 변해갔다. 가족들 중에 유일하게 대학을 진학하지 못하고 지냈다. 시를 쓰고, 심심하면 집에 있는 피아노를

「옛 양림다리」, 판자 위에 유화, 1976.

혼자 눌러보고는 하였다. 재수 시절 다시 도전한 대학에 낙방하고 매일같이 안개처럼 막막한 시간을 보내고 있었다.

　공허의 늪 같은 시간을 보내고 있을 때, 바로 위의 누나가 나에게 다가와 '너 혹시 그림을 그리고 싶은 생각이 없느냐'고 물었다. 그림, 너무나 생소한 단어였다. 초등학교 때 그림일기를 그리고 중학교 때 고무판화를 열심히 파고 있는데 미술선생님이 재미있다고 한마디 던지던 기억은 나는데 그 이후로는 미술시간이 전혀 기억나지 않았다. 누나는 진지하게 '내가 좋아하는 화가가 있는데 그 화가가 그린 그림을 보면 실제 그 그림 속으로 빨려 들어가는 느낌이 든다'고 했다. 그러면서 화가가 운영하는 미술학원이 있으니 가 보라고 하였다.

그림을 통해 시대를 응시하던 그 청년

　생의 시간 속에서 한 번도 생각해 보지 않았던 새로운 세계가 나에게 다가왔다. 나중 화가가 되어서 누나에게 물어봤다. 왜 나에게 그림을 권했느냐고. 누나의 대답이, 초등학교 때 성적표가 집으로 오면 내가 성적표에 사람을 그렸는데 실감나게 그렸다는 생각이 들어 그림을 권유했다는 것이다. 나는 생각나지도 않는 일인데 누나의 권유로 나이 든 삼수생이 처음으로 미술학원을 찾았다.

　미술학원은 충장로에 있는 용아빌딩 옥상 가건물에 있었다. 용아빌딩은 시인 용아 박용철 집안의 건물인 것 같았다. 지하에는 노벨다방이 있었는데, 시인 김현승이 자주 다녔던 다방이었다. 미술학원의 이름은 백제미술학원이었고, 마지막 희망을 안고 미술학원에 등록하여 생소한 석고

상을 보며 대생을 시작하였다. 다행히 조선대학교 미술과에 합격하여 양림동 집에서 조선대학교 본관에 있는 미술과까지 매일 걸어서 다녔다. 대학 시절에는 세상의 일도 모르고 순수 예술지상주의에 빠져 가난한 예술가를 동경하였다. 장발과 통기타와 청바지. 밤새 막걸리를 마시며 고래사냥을 열창하였다. 졸업하면 예술밖에 모르는 가난한 예술가로 살자고 화우들과 서로 다짐했다.

내가 다니던 교회는 양림언덕 위 기독교 장로회 양림교회였고 주일날에는 유치부 반사를 지냈다. 소설가 황석영의 자녀도 양림교회 유치원을 다녔다. 1970년대 후반에는 세상이 흉흉했다. 광주5·18민주화운동의 참혹함을 알리는 전야처럼 숨 막히는 시간이었다. 경제정책에 성공한 박정희 정권은 장기집권을 하기 위해 민주와 자유를 억압하고 독재에 항거한 시민을 탄압했다. 양림기장교회는 1970년대 민주화운동의 상징적인 곳이었다. 주일이 되면 형사들이 교회 곳곳에 앉아 있었다. 가끔씩 집회가 열리면 경찰들이 교회 밖에 진을 치고 있었다. 그러한 주위의 환경을 보면서 이런 시대에 작가들이 할 수 있는 일이 무엇인가 하는 고민에 빠져들었다. 문학에서는 민주와 자유를 향한 소설과 시들이 터져 나왔다. 그렇지만 미술에서는 작품 속에서 아픈 사회현실을 잘 드러내지 않았다. 전통적인 자연풍경과 인물이나 정물을 그리는 데 몰두했고 간간이 모더니즘적인 현대미술이 발표된 시기였다.

나는 양림교회를 다니며 현실에 벌어지고 있는 사건들을 보면서 이러한 시대에 예술이 무엇을 할 수 있는지를 고민했다. 1978년 대학 4학년 시절, 양림교회 지하실은 교회 초등학생부터 청년까지 모여 생활하는 곳이었다. 특별한 놀이가 없던 시절 교회에 모여 놀고 떠들며 시간을 보냈는데, 이 지하실에서 무언가 이 시대를 대변하는 그림을 그려야겠다고 생

「가난한 사람들」, Oil on canvas, 180×360cm, 1978.

각했다. 1970년대는 지금처럼 대작이 없던 시절이었다. 도전에 출품하려고 100호 정도를 그리는 일이 대작을 그리는 일이었다. 피가 끓은 청년 시절, 나는 피카소의 「게르니카」처럼 대작을 그려야겠다고 생각했다. 360×180cm의 나무틀을 짜고 시장에서 면 천을 사와 중간을 바느질틀로 이은 후 면 천을 나무에 씌워 천 바탕에는 아교를 녹여 칠했다. 1978년 가을부터 시대의 아픔에 항거하고 좌절하고 응시하는 12명의 인물을 그려나갔다. 11명은 거친 한복의 선을 살리는 서 있는 여성으로 배치했고, 한 명은 앉아서 세상을 응시하는 청년 남성상으로 그려나갔다. 그 청년은 시대를 응시하는 '나'일 수도 있었다.

전반적으로 채도가 낮은 청색과 검정으로 그렸는데 앉아 있는 남성만 붉은색으로 그려나갔다. 짙은 청색과 검정은 시대의 암울함을, 붉은색은 언젠가는 올 것 같은 자유와 희망의 열망이었다. 매일 교회 지하실에서 작업에 몰두했고, 지하실 멤버였던 초등학생부터 청년까지는 매일 변해가는 그림을 신기하게 관찰하며 박수를 보냈다. 양림교회 장로님 중에는 민주화운동의 선봉에 섰던 전남대학교 명노근 교수도 있었는데, 명노근 교수의 딸도 그 무리에 낀 지하실 멤버였다. 큰 대작을 그리다 틈틈이 다른 작품도 그렸는데 언제나 그곳에 같이 있었던 교수의 딸을 모델로 그렸다. 세상의 아픔을 상징하는 십자가를 거꾸로 하고 여자아이가 물끄러미 세상을 바라보는 모습이었다.

몇 달 동안 작품에 몰두하면서 1978년 막바지에 작품은 완성되었고, '가난한 사람들'이라고 제목을 붙였다. '가난한 사람들'은 충장로에 있는 학생회관 전시실에 1979년 대학생 그림 서클이었던 '사다리전'에 출품하였는데 사람들은 농민항쟁을 연상하게 한다는 말을 하였다. '가난한 사람들'은 오랫동안 양림교회 교육실에 걸려 있다 그림이 너무 어둡다는 몇몇 교인들의 생각 때문에 철거되어 수십 년을 지나면서 많은 훼손과 칼로 찢기는 수난을 당했다. 전시를 마치고 1979년 대학을 졸업하고 군대를 간 이후에는 한동안 양림동을 떠나게 되었다. 제대 후 순천에서 교직 생활을 십 년간 하였으니 꽤 오랫동안 양림동을 떠나 있게 되었다. 그렇지만 어머님과 가족들이 여전히 언덕교회 아래에 살고 있었으니 가끔씩 그리운 양림동을 찾았다.

그 시절 양림동 사람들

그 시절에 광주 사람들은 능주의 송석정에서 야유회를 자주 가졌는데 남광주역에서 기차를 타고 출발하였다. 남광주역은 양림동에서 천변을 지나 동구 학동에 위치해 있었다.

남광주역은 시장이 있어 인근의 시골에서 기차를 타고 장사하러 물건을 싣고 온 사람들로 새벽부터 붐비었다. 어디론가 떠나는 사람들이 혼자서나 무리를 지어 기차를 기다렸다. 광주천을 끼고 있는 남광주역사는 단순한 역사 건물이 아니었다. 기차를 기다리던 수많은 사람들의 눈물겨운 사연들의 덩어리가 곳곳에 묻어 있는 그리움의 상징 같은 곳이었다. 곽재구 시인의 명시 「사평역에서」의 모티브가 된 곳도 이곳이었다. 곽재구 시인은 전남대학교 국문과를 다니던 시절 이 시를 탄생시켰다. 남광주역은 많은 사연을 남긴 채 지금은 사라지고 없다. 가끔씩 남광주 시장을 찾아 남광주역이 사라진 곳을 바라보고 있으면 가슴속에서 말 못할 회한이 몰려든다. 양림동으로 연결하는 철다리는 여전한데 철길의 주인은 떠나고 없는 느낌이 드는 것이다.

1904년 유진 벨(배유지) 선교사가 양림동에 정착한 후 신앙을 생명의 정신으로 실천했던 선교사들은 동양의 헐벗은 나라, 한국의 남녘땅 광주 양림산 기슭에 사택을 짓고 선교활동을 시작했다. 지금 사직도서관 자리에 사택을 짓고 첫 예배를 드릴 때 교인이 오방 최흥종 목사(1880~1966)이다. 오방 최흥종 목사는 망치라는 별명으로 불리고 있을 만큼 험한 젊은 시절을 보냈는데, 1904년 12월 유진 벨 선교사 사택에서 열린 광주 첫 크리스마스 예배에 김윤수와 함께 참석하면서 기독교에 입문하게 된다. 그의 나이 24세였다. 오웬 선교사의 폐렴을 치료하기 위해 광주에 온 포사이트 선교사를 통하여 감화를 받고 목사가 되었다. 포사이트 선교사가 광주로 오는 도중 고름 투성이의 한센병 환자를 자기 말에 태우고 오는 모습에 감동을 받은 것이다. 양림동 사직공원 오르는 길에는 조아라 여사, 유진 벨 선교사, 최흥종 목사의 기념관이 곳곳에 건립되어 사랑, 예술, 위로의 양림의 정신이 지금까지 이어져나가고 있다. 양림동에는 선교활동뿐만 아니라 예술의 정신이 면면히 흐르는 곳이기도 하다.

　양림동에는 개화기의 광주정신의 바탕이 되었던 선각자들과 더불어 많은 예술가들이 이곳에서 어린 시절을 보냈거나 창작열이 왕성한 시기에 활동한 곳이기도 하다.

　다형 김현승 시인(1913~1975)은 생애의 3분의 2를 양림동에서 보내며 양림동을 마음의 고향으로 여겼다. 김현승 시인의 양림동 사랑은 각별했다. 커피와 절대고독, 기도의 시인으로 불리는 시인 김현승. 평양 숭실전문학교를 다니면서 3학년 때 쓴 「쓸쓸한 겨울 저녁이 올 때 당신들은」을 스승인 양주동 박사가 〈동아일보〉 1934년 5월 25일자 문예란에 싣게 함으로써 등단한다. 1951년부터 조선대 국문과에 재직하면서 박봉우·박성룡·문병란·이성부·조태일·문순태·강태열·양성우·손광운·김준태 등 많

김현승 시인. 나무판에 유화, 2000년대.

이수복 시인. 나무판에 유화, 2000년대.

〈전남일보〉 연재소설 「타오르는 별」 제1부 1편 문순태의 친필과 필자의 삽화.

은 문인들을 배출하였으니 시인이 광주 문학에 끼치는 영향은 대단했다. 시인의 시에 까마귀가 등장하는 것도 양림산을 거닐며 시상을 떠올릴 때 까마귀가 주위에 날아다니던 모습에서 비롯되었다고 제자인 손광운 시인은 회고했다. 시인이 거닐었던 양림교회가 있던 언덕길에는 큰 고목들이 즐비하게 서서 양림마을을 바라보고 있었다. 다형은 커피를 좋아하여 다형이라는 호를 붙일 정도였다. 커피는 그 시절에는 보기 드문 원두커피를 마셨는데 선교사들에게 커피를 배웠으니 정식으로 커피를 배웠다고 하겠다. 제자들이 오면 놋그릇에 커피를 따라주었다고 하니 운치 있게 커피를 마시는 풍경이었으리라 본다.

김현승 시인의 제자였던 소설가 문순태(1939~)는 1970년대 양림교회 아래쪽 골목길에서 살았다. 필자의 집과는 아주 가까운 곳에 살았는데 옆집은 TV드라마 작가 조소혜(1956~2006)가 살았다. 내가 대학 시절 종종 문순태 작가의 집에 가서 차를 얻어 마셨다. 작가는 소설『징소리』와『타오르는 강』을 발표하여 문단에 큰 작가로 성장하던 시기였다. 나중〈전남일보〉에『타오르는 강』의 마지막 편인「타오르는 별」을 일년 간 연재할 때 내가 삽화를 그렸으니 한 마을에 살았던 소설가와 화가의 만남이 되었다.

조소혜는 나와는 특별한 인연이 있었다. 필자와 고교 시절 숭일학교 동기였던 조기창의 동생이었고 한 동네에서도 가까운 곳에 살았으니 우리는 서로의 집을 오가며 놀았다. 자연스럽게 친구의 바로 아래 여동생이었던 조소혜와도 오누이처럼 가깝게 지냈다. 내가 대학 시절 집에 있는 방 두 개를 터서 작업실로 꾸미고 그림을 그렸는데 어느 날 소혜가 찾아와서 그림을 배우고 싶다고 했다. 나는 흔쾌히 승낙했고 소혜는 매일처럼 그림에 열중하였다. 소혜는 화실에 올 때마다 시집을 들고 왔는데 시를 좋아했던 나와 시 이야기를 자주 나누었다. 그림도 소질이 있어 빠르게 성장하였다. 가끔씩은 방림동 쪽의 낮은 언덕에 가서 야외 스케치를 하였다. 그때 소혜의 머리는 허리까지 올 정도로 긴 머리였는데 지금도 긴 머리를 바람에 흩날리며 서 있는 모습이 눈에 선하다. 이후 조소혜는 KBS 드라마 〈젊은이의 양지〉와 〈첫사랑〉으로 최고의 드라마 작가로 성장했다. 어느 날 조소혜 작가가 프랑스에 가서 급성 간암으로 급히 귀국했다는 소식이 들려왔고 귀국하여 얼마 후 세상을 떠났다는 소식이 들려왔다. 그림을 그리다 옆에서 웃는 카랑카랑한 웃음소리와 진지하게 시를 이야기하던 모습이 떠오를 때면 가슴이 아련하게 저려온다.

소설가 황석영(1943~)은 1970년대 말 양림동 철로변 끝머리에 살았다. 내가 군대에 입대한 시절이라 양림동에서는 만나지 못했다. 황석영의 자녀들은 양림교회 유치원을 다니던 시절이었다.

이수복 시인(1924~1986)은 양림동 길 건너 방림동에 살았다. 이수복 시인은 1954년 3월, 미당 서정주에 의해 시 「동백꽃」이 『문예』 3월호에 추천되었다. 시인은 광주수피아여학교 교사로도 근무하였다. 내가 시인의 집을 찾았을 때는 아담한 기와집에 마당에는 작은 동백나무가 있었다. 시인은 가고 동백꽃을 닮은 시인의 부인이 마루에 앉아 계셨다. 이수복 시인은 이곳에 오랫동안 살면서 교사 생활과 시를 쓰며 살았다. 고교 시절 국어 교과서에서 김현승 시인의 「플라타너스」, 「가을의 기도」와 이수복 시인의 「봄비」를 배웠다. 이수복 시인의 따님은 양림교회를 같이 다녔는데 지금은 화가로 활동하며 미국에 살고 있다는 소식도 들었다. 많은 문인들이 살았던 철로변 쪽의 양림동에는 문인들이 많이 살았는데 내가 오랫동안 살았던 집과 함께 재개발로 사라지고 지금은 아파트가 사열하듯 직립해서 있다. 아파트 앞을 지날 때마다 주마등처럼 어린 시절의 추억이 스쳐지나갔다.

「초저녁별」, 판화지에 과슈와 크레용, 77×112cm, 1992. (필자가 처음 살았던 철로변 집 근처 풍경)

「양림동 오거리 굴비집」, Oil on canvas, 96×54, 2014. (현 양림문화샘터 자리)

양림동에서 만난 음악과 미술

　양림동 중앙을 통과하는 길에서 철로변 사이에 형성된 마을이 재개발이 결정된 후 지상에서 사라지기 전, 나에게 마을은 마지막 깊은 숨을 참고 있는 모습으로 다가왔다. 마을을 지키던 사람들이 하나둘 떠나고 출입이 통제되었다. 사람들이 옹기종기 모여 이야기꽃을 피우던 슈퍼 앞 공터도 아이들이 무리지어 다니던 골목길도 침묵에 휩싸였다. 오랜 세월 수많은 사연이 깃든 마을이 지상에서 사라지고 현대적인 마을이 등장할 것이다. 아파트가 들어서면 마을을 지키던 사람들은 뿔뿔이 흩어지고 외지의 사람들이 다시 마을을 지키게 된다. 양림동은 도시에 있는 마을인데도 시골마을처럼 공동체 의식이 강했다. 아마 규모가 큰 교회가 세 군데 있어서 교회를 중심으로 자연스럽게 자주 만나게 되니 가족 같은 느낌이 자연스레 형성되었던 것 같다. 포크레인이 들어와 어린 시절 친구들 집이며, 누군가를 기다리던 전봇대와 가로등이 부서져 나갔다. 양림동에 처음 이사 와서 살았던 철로변 기와집도 부서졌다. 나는 지상에서 마지막으로 사라지는 풍경 속으로 매일 들어가 부서지기 직전의 집 창틀을 수거해 모았다. 초등학교 때 친구들 집 창틀도, 고등학교 때 친구들이 자취하던 집의 창틀도 조심스럽게 뜯어서 모아두었다. 나는 그 모아진 낡은 창틀에 지금은 사라진 양림동 풍경들을, 사람들을 그렸다. 통행이 많아 넓히려고 철거된, 석조로 된 아름다운 옛 양림다리도 그렸다. 양림언덕 위에 저녁 종소리가 들릴 듯하게 자리 잡은 교회당도 그리고, 집 앞 양림슈퍼도 그려나갔다. 종종걸음으로 따뜻한 어머니가 기다리던 골목길도 창틀에 그려 넣었다. 오랜 세월이 지나면 창틀에 그려진 양림동 그림들은 양림동의 역사가 될 것이다.

2003년 남구문화예술회관이 건립되어 일층 갤러리가 개관하였을 때 양림동에 거주하던 문인들을 발굴하여 작가들의 시와 소설을 그림으로 형상화하여 전시를 열었다. '거리에서 만난 문학과 미술'이라는 제목을 걸고 시인 김현승, 이수복, 곽재구, 소설가 문순태, TV드라마 작가 조소혜 작품을 그림으로 표현하였다. 이 전시는 양림동의 예술을 처음으로 알리는 계기가 되었다. 처음 전시를 기획할 때는 연구 자료가 부족하여 양림동에서 활동하던 작가들을 모두 소개하지 못하였다. 이후로 양림동에는 문인 외에도 음악가, 화가들이 활동한 것을 알게 되었고 2011년에 처음 열린 '굿모닝 양림' 축제기간에 아카이브를 통하여 만든 예술가들의 자료와 작품을 지금까지도 전시하고 있다.

　오래전 작가들에 의해 형성된 양림동의 정신은 현재까지 이어져오고 있다. 필자의 대학 시절 양림동 오거리 펭귄마을 입구에는 화가 황영성의 집이 있었다. 2층은 화가의 작업실이었다. 화가 황영성은 조선대 미술과 교수로 있어서 제자였던 필자는 가끔 교수님의 집을 방문하였다. 양림동에서 살았던 예술가들은 자연스럽게 형성이 되어왔다. 선배들이 떠난 자리에 새로운 후배 작가들이 모여들어왔다. 남구에서 주도적으로 설립한 양림미술관, 이강하미술관, 개인이 만든 515갤러리, 한희원미술관, 이이남스튜디오, 최석현의 최씨공방 늘, 호랑가시나무 아트폴리곤과 레지던시 창작소, 고철갤러리, 한부철갤러리, 최순임작업실, 갤러리포도나무, 10년후그라운드, s갤러리 등 수많은 미술관과 작업실이 들어서 양림동은 예술정신이 깃든 마을이 된 것이다. 오래전부터 공동체의 의식이 강한 마을의 전통이 이어져와서인지 현재까지도 마을 주민과 예술가와 기획자들이 한 마음으로 협력이 이루어지고 있다. 예술가와 기획자들도 양림동에서 거주하며 주어진 일을 하기 때문에 일의 연속성 있고 자신의 일로 생각하는 경향이 형성되었다. 2023년 제2회 양림골목비엔날레는 양림동의 미술이 국제적으로 알려지게 된 계기가 되었다. 광주비엔날레 본전시가 개최된 호랑가시나무아트폴리곤을 시작으로 이강하미술관, 이이남미술관, 양림미술관에서는 각각 캐나다, 스위스, 프랑스 파빌리온 전시가 이루어졌으며, 10년 후 그라운드와 포도나무갤러리에서는 폴란드 파빌리온이 개최되었다. 이러한 국제적인 전시와 함께 양림동 곳곳의 미술관과 빈 집, 빈 점포 등에서 작가들의 전시가 이루어져 비엔날레 기간 중 마을을 방문한 국내외 관람자들을 마을 전체가 미술관이라는 느낌을 받게 되었다. 이러한 예술의 분위기가 형성되고 면면히 오랜 시간 이어져오면 양림동은 마을 미술축제로서 세계적인 명소가 될 수 있을 것이다.

사랑, 위로, 예술이 흐르는 양림동

양림동은 지금까지 서너 차례 큰 변동이 있었다. 첫 번째로는 양림동 중심부에 자리 잡고 있었던 숭일학교가 이전한 일이다. 양림 오거리 부근에서 양림언덕교회 아래 지점까지 형성된 숭일학교가 이전한 것은 양림동에 큰 변화를 준 일이었다. 학교가 떠난 후에는 집과 상점, 아파트가 들어서 학교의 자취는 찾아볼 수 없다. 무등파크맨션 옆의 돌담만 남아서 이곳이 숭일학교가 있었던 곳이라는 것을 어렴풋이 느낄 뿐이다. 숭일중학교 자리에는 기독간호전문대학이 들어섰고, 오웬기념각은 여전히 그 자리를 지키고 있어 양림동의 역사를 지켜보고 있다.

두 번째로는 양림휴먼시아아파트가 들어선 일이다. 철로변 쪽으로 마을이 재개발되어 아파트가 들어선 이후에는 양림동은 건물에 둘러싸여진

「꽃이 된 마을 양림」, Oil on canvas, 91×117cm, 2013.

분지 같은 느낌을 주게 되어 옛 양림동의 평화로웠던 마을 분위기를 찾아보기 어렵게 되었다.

세 번째로는 양림동이 역사문화마을로 지정된 이후에 조성사업으로 변화가 생겼다. 양림산 정상에 자리 잡은 선교사 묘역은 새롭게 단장되었고, 길이 크게 뚫리고 새로운 건물이 들어섰다. 양림동은 오래전의 모습을 그대로 간직한 채로 유지되는 것이 가장 바람직한 일이지만 시대의 변화는 양림동의 옛 모습을 그대로 두지 않을 것 같다. 언덕 위 양림교회도 세 번의 변모를 통해 규모가 큰 교회로 자리 잡았고, 양림교회(합동)는 (필자가 어렸을 때는 옆구리교회라고도 불리었음) 고딕식의 교회당에서 현대식으로 다시 지어졌다. 통합 양림교회만 처음 지어진 붉은 벽돌의 모습을 유지하고 있어 양림동의 고즈넉한 운치를 보여주고 있다. 양림동에 즐거움을 준 변화로는 펭귄마을이 형성된 것이다. 1960년대~1970년대에는 양림 목욕탕이 골목길 안에 있어서 마을의 사랑방 역할을 하였는데, 그 안쪽의 마을이 펭귄마을로 불리게 되었다. 양림동에 웬 펭귄마을이라고 불려지는가 의아함을 갖게 되는데, 지금 펭귄마을 촌장으로 있는 김동균 씨가 마을 집집마다 버려진 온갖 물건들을 벽에 걸어 장식하면서 사람들의 입소문을 타게 되었다. 버려진 물건과 잡동사니를 수년에 걸쳐 모아 마을 벽이나 정원에 배치하게 되니 향수를 자극하는 설치미술이 된 것이다. 골목에 들어서면 이국적인 동화나라에 들어선 기분이 들게 하여 사람들이 하나둘씩 찾아와 양림동 하면 펭귄마을이라고 할 정도로 알려지게 되었다. 마을 어르신 중 한 분이 몸이 불편하여 다리를 기우뚱거리며 걷는 모습에 펭귄마을이라고 하였다 하니 이름의 명명도 재미있는 일이다.

양림동은 개화기 시절 선교사들이 들어와 선교 활동을 한 이후로 많은 선각자들이 활동하면서 양림 정신이 자연스럽게 형성된 곳이다. 서서평 선교사 같은 분들은 자신의 생명을 바쳐서 고향을 떠나 조선의 변방에서 마지막까지 사랑을 실천하였다. 양림산 정상에 말없이 누워 있는 선교사들의 묘역에 가면 자신도 모르게 경건함과 사랑의 헌신을 느끼게 된다.

숲과 고목나무들이 즐비하고 교회와 오래된 아름다운 학교, 그리고 양림산에 자리 잡은 그림 같은 선교사 사택과 양림산 아래에 자리 잡고 있는 이장우 가옥, 최승효 고택 같은 한옥들이 여전히 자리 잡고 있는 양림동. 지금은 많은 작가들이 모여들어 세계적인 미술마을로 변모하고 있는 양림동.

아, 사랑, 위로, 예술의 정신이 흐르는 양림동은 영원히 그 아름다운 정신을 이어갈 것이다.